ASALTO

Otros lamenten la muerte necesaria: yo creo en ella como la almohada, y la levadura, y el triunfo de la vida.

José Martí

ASALTO

Míriam Zito

Ciencias Sociales

CASA EDITORA
ABRIL

Edición: Sonia María Roche Pérez
Diseño, cubierta y marcaje tipográfico: Eloy Barrios Alayón
Fotos: Eduardo Cubas González y fotocopias realizadas de los fondos bibliográficos del
Instituto de Literatura y Lingüística
Realización computarizada: Gilma González Herrera

Primera reimpresión

ISBN: 959-210-125-6
ISBN: 959-06-0356-4

Casa Editora Abril
Prado No. 553, entre Dragones y Teniente Rey,
La Habana Vieja, Ciudad de La Habana, Cuba
CP 10200
Email: eabril@jcce.org.cu
Internet: http://www.editoraabril.cu

AGRADECIMIENTOS

Al comandante Faure Chomón Mediavilla por su valiosa ayuda, orientación y asesoría en la realización de este libro. También agradecemos la colaboración del compañero Julio García Oliveras. Nuestro reconocimiento al Instituto de Literatura y Lingüística, en particular, a su directora , licenciada Nuria Gregory. Damos las gracias a los compañeros de la Biblioteca Nacional José Martí por su atención y a la revista *Bohemia,* en especial a su redactor jefe Carlos Piñeiro y a Manuel Martínez, jefe de Archivo.

A mi nieto Javier

A mi hijo Roberto

PALABRAS AL LECTOR

Después de viejo es que me he dedicado a leer los prólogos de los libros que leo. Siempre me han atraído más el índice, o incluso una portada bien diseñada, que el discurso de un señor que somete a juicio sumario la obra del autor. O que incluso en una extensión más o menos larga relata lo mismo que el escritor ha elaborado con mucho esfuerzo y amor. En ambos casos mi vieja experiencia de estudiante me hace pensar que se le está adelantando una calificación a la obra. Por eso a veces leo las obras y sólo al final el prólogo, para ver si éste merece o no la distinción que le han otorgado.

No olvido que hay autores que buscan el aval de una firma famosa para calzar su criatura, que temen debilucha.

Afortunadamente este no es mi caso, y haré mi máximo esfuerzo por no caer en los ejemplos anteriores.

Para mí el 13 de marzo es sagrado, y agradezco y reconozco profundamente a todo aquél que empuñe la pluma para rendir su homenaje, por modesto que sea, a aquella gesta y al puñado de valerosos revolucionarios, que un día ya inolvidable, hace ahora cuarenta y un años, clavaron la bandera de la guerra revolucionaria en el corazón de la nación.

Las acciones del 13 de marzo de 1957 aportaron a la historia de la Revolución Cubana —iniciada en 1868, como bien señalara Fidel, y continuada en la heroica acción del Moncada— dos rasgos estratégicos que son fundamentales y que los estudiosos de nuestro proceso no pueden desconocer. Primero, con esta acción organizada por José Antonio Echeverría y el Directorio Revolucionario se cumplía un objetivo fundamental de los acuerdos con Fidel, recogidos en el pacto de unidad de la Carta de México. En segundo lugar, la lucha armada, la guerra revolucionaria contra la tiranía batistiana iniciada con las acciones del 30 de noviembre en Santiago y el desembarco del "Granma" en el extremo oriental de la Isla, llegaban a la capital de la República para sacudir al tirano y a sus máximos soportes: la burguesía reaccionaria, los cuerpos represivos y al tío imperialista.

¿Se dio cuenta el Gobierno de Estados Unidos de que a partir de estas acciones la juventud cubana estaba dispuesta a dar un vuelco total a aquella bien llamada pseudorepública explotada y sometida?

El combate de aquel 13 de marzo vino a sumarse a la muy larga lista de heroicas hazañas de nuestras guerras de independencia, de las luchas contra Machado hasta la epopéyica invasión de Camilo y el Che.

Sólo cabe una precisión históricamente importante. Todos y cada uno de los combates contra la tiranía batistiana, victoriosos o no, integraron el proceso que al final echó abajo el régimen "castrense, burgués y pro imperialista", como acertadamente lo calificara Fidel. Pero si se estudia el proceso político en su conjunto, la importancia y el papel principal que le corresponde al movimiento estudiantil revolucionario es el movimiento político y de masas ascendente –huelgas y manifestaciones– que van a llenar el espacio entre el 26 de julio de 1953 con el Moncada, hasta el 2 de diciembre de 1956 con la llegada del "Granma" y el nacimiento del Ejército Rebelde bajo el mando de Fidel.

Es ese proceso político, iniciado por los estudiantes universitarios y secundarios y llevado a su máxima expresión por Echeverría como presidente de la FEU (Federación Estudiantil Universitaria), que dará continuidad y enlace a la acción armada del Moncada y contribuirá a crear las condiciones para la guerra revolucionaria, principalmente después de alcanzar su punto más alto con la huelga azucarera de diciembre de 1955.

Esto no niega ni discute las acciones políticas que se hayan realizado por otras fuerzas revolucionarias, ni desconoce las acciones armadas realizadas por el movimiento estudiantil y el Directorio Revolucionario, que se integraría a la lucha guerrillera y al Ejército Rebelde con el avance de la lucha contra el batistato.

En Asalto, la autora ha logrado una creación, llamaría yo, que tiene algo de ritmo cinematográfico y la visión caleidoscópica sobre la acción de Palacio, uniendo el relato, el aporte literario y el testimonio en un enlace creador de la realidad y la ficción.

La experiencia de la lucha revolucionaria nos hace difícil diferenciar realidad y leyenda. Aun el testimonio, en ocasiones, aparece permeado por rasgos que lo acercan a la ficción.

Yo, personalmente, perdí toda afición por la literatura de ficción después de haber vivido (o mejor sobrevivido) los azares de la lucha. Pudiera contar diez anécdotas que parecerían ficción si no las hubiese vivido personalmente. Quizás un escritor de la talla de García Márquez, que con su potente imaginación y brillante estilo desborda el universo de la realidad, me haría atractiva su lectura.

En los hechos que se relatan en esta obra, ¿puede el lector actual –a cuarenta y un años de los hechos y de una situación bajo la dictadura que no conoció– ver a un Juan Pedro Carbó herido, desarmado y sin espejuelos por una ráfaga enemiga en el mismo momento de desembarcar a las puertas de Palacio, que penetra y combate hasta el final?

¿Dónde termina la realidad y comienza la leyenda?

¿Puede imaginarse a Machadito, también herido gravemente, que después de cubrir con el fuego de su ametralladora la retirada de los últimos combatientes y salir él mismo de Palacio, regresa, entra nuevamente a buscar a su inseparable compañero Carbó?

¿Leyenda o realidad?

Detenerse en Alfonso Zúñiga, que dispara su arma en medio de la balacera con la mayor sangre fría del mundo, y hoy todavía, viejo y gruñón, muerde su tabaco y se encabrona frente a cualquier problema que afecte a "su revolución". O Menelao Mora, combatiente contra Machado, legislador y dirigente, participando como simple soldado en aquella formidable acción.

¿Historias de la revolución o ficción?

¿Qué escritor reconocido y en sus cabales se atrevería a contar la historia de ochenta y dos patriotas que, armados de fusiles de caza, se lanzaron en un barquichuelo maltrecho a atravesar el mar e ir a enfrentarse con unas fuerzas armadas de ochenta mil hombres entrenados y armados por Estados Unidos?

En fin, sueño, pesadilla, realidad o ficción, o sencillamente acto de sublime heroísmo de José Antonio Echeverría, presidente de la FEU, secretario general del Directorio, a los veinticinco años, avanzando pistola en mano contra el patrullero policíaco que lo fulmina con el fuego de sus ametralladoras, hasta caer de una vez y para siempre "en brazos de la Patria agradecida".

Por ello es que los episodios que se reúnen en este libro cumplen también una misión revolucionaria. Para aquellos que desprecian el yugo y escogen la estrella "que ilumina y mata", estos hechos de leyenda, como aquella acción del 13 de marzo de 1957, son fuentes de la historia a los que todos los revolucionarios, jóvenes o viejos, deben acudir: unos para aprender y otros para no olvidar.

JULIO A. GARCIA OLIVERAS

Enero 25 de 1997

AÑO DE DECISIONES

Se organiza la guerra revolucionaria. Nadie lo duda ya. Los acontecimientos unos tras otros lo atestiguan. Los hechos, la vida misma van reafirmando las palabras de Fidel: "en 1956 seremos libres o seremos mártires", pronunciadas el domingo 30 de octubre de 1955, ante una concurrencia de casi ochocientos exiliados cubanos en el salón del hotel Palm Garden, en Manhattan.

Época de lucha, de enfrentamiento directo, de huelgas obreras y estudiantiles. José Antonio Echeverría, reelegido el 19 de abril de 1955 como presidente de la Federación Estudiantil Universitaria, encabeza las múltiples manifestaciones donde se pone de manifiesto la repulsa al régimen tiránico de Fulgencio Batista y Zaldívar, entronizado tras el artero cuartelazo del 10 de marzo de 1952.

MARÍA DE LOS ÁNGELES PUMPIDO DE LA NUEZ, MERY:[*]
Fue un momento convulso. Del Calixto García me fui para el Palacio Presidencial y llegué en el momento en que arribaron los tanques. De ahí salí para la universidad, allí nos reunimos todos: José Antonio, Carbó, Fructuoso.

Se colocaron los altavoces y comenzaron las arengas dirigidas al pueblo. Se hicieron cocteles Molotov y se preparó la resistencia por si llegaban las armas, armas que Prío prometió y nunca llegaron.

Desviaron el tráfico y cortaron la luz. El rector suspendió las clases para evitar que hubiera gente en la universidad. A la Colina entrábamos y salíamos porque no teníamos problemas con la policía universitaria. A través del hospital Calixto García se podía llegar fácilmente hasta allí. Era el principio de 1952. Allí estábamos todos, los estudiantes, el pueblo.

[*] La autora, por fonética, adopta el sobrenombre de Mery, escrito con e. En otras ediciones el lector encontrará Mary, con a. *(N. del E.)*

HUMBERTO CASTELLÓ ALDANÁS:

El 10 de marzo yo estoy de guardia en el hospital de Maternidad Obrera, de Marianao, y llegan unas empleadas que venían a cubrir sus turnos, muy excitadas. Yo había pasado la noche de guardia. Enseguida nos pusimos en contacto con Enrique Rodríguez Loeches y con Wangüemert. Conseguimos un auto y lo primero que hicimos fue irnos para la universidad, donde había una gran muchedumbre. Estaba congestionada toda la Plaza Cadenas,* todas las calles, la escalinata. Y ya tenemos noticias de que un grupo de estudiantes pertenecientes a la FEU había ido a ver a Prío, a ofrecerle su apoyo a la Constitución. Prío ofreció armas que nunca llegaron. Incluso Batista no estuvo seguro de contar con las riendas del poder, porque había regimientos que todavía no se le habían rendido, entre ellos, el de Matanzas y el de Las Villas. Y Batista vino a hablar tardísimo. Nosotros terminamos en una reunión por la noche en la biblioteca de Raúl Roa.

El 10 de marzo sorprende a José Antonio en Cárdenas. Ha ido a ver a sus padres. Su casa natal lo atrae y lo compensa, al extremo de que en ocasiones siente la necesidad imperiosa de permanecer en ella más tiempo del que realmente puede. Su pueblo es fuente de recuerdos y anécdotas. Allí reencuentra a familiares y amigos de aquella niñez que transcurrió entre mimos, estudios y actividades, gracias a la vida holgada de la familia Echeverría Bianchi.

Cerca de las tres de la madrugada del domingo lo despiertan. La trágica noticia del Golpe artero corre de boca en boca por todo el país. Batista ha burlado la legalidad constitucional y trata de instalarse en Columbia. *

Presuroso regresa a La Habana, no escucha los ruegos de su madre. Casi amaneciendo llega a la capital y va directamente a la casa de huéspedes donde vive. Informado de que algunos dirigentes de la FEU acuden a entrevistarse con el presidente Carlos Prío Socarrás para ofrecerle apoyo estudiantil a fin de resistir el golpe antidemocrático, se dirige a la mansión ejecutiva donde encuentra a varios compañeros. Conversan brevemente y deciden regresar a la Colina en espera de las

* Hoy Plaza Ignacio Agramonte.
* Hoy Ciudad Libertad.

14

armas que Prío promete. La universidad está rodeada por fuerzas mili-
tares. No obstante, en ella permanecen horas, expresando mediante mí-
tines y tánganas, la posición inclaudicable del estudiantado.

Cuatro días después, la FEU circula una declaración de principios,
una condena en sí a los hechos del 10 de marzo, donde se traza la línea
a seguir contra la dictadura.

MANUEL JOSÉ GÓMEZ SARTORIO, *EL AMERICANO:*
Cuando se produce el Golpe del 10 de marzo, yo estoy trabajando
con mi padre en una carpintería , que quedaba en Chamorro entre Puerta Cerrada y Vives. En mi casa simpatizábamos con Chibás, como líder
político del Partido Ortodoxo, y siempre tuve el ejemplo de mi padre,
quien perseguido en su natal Camagüey por su postura conspirativa
contra la dictadura de Gerardo Machado, había tenido que salir huyendo. Éramos pobres, cinco hermanos, y mi padre vino para la capital en
busca de trabajo.
El mismo 10 de marzo yo contacto con algunos compañeros del
barrio y junto a Mario Casañas vamos para la universidad. Cuando llegamos, estaba rodeada la escalinata por carros perseguidoras. Entramos por un costado, saltamos los muros y nos unimos a los estudiantes
que arengaban al pueblo para que no apoyara el cuartelazo. Así nos
relacionamos con algunos de ellos y nos dijeron que iban a llegar armas. Nosotros estábamos dispuestos a hacer algo para que el Golpe no
se consolidara. Pasaron las horas, y al filo de la medianoche es que fue
desvalijándose aquello, y entonces nos retiramos por el fondo.

Una amplia movilización popular es convocada para jurar la Consti-
tución. Los mítines se reiteran. Comienzan las protestas, la aglutina-
ción de hombres, los entrenamientos, las huelgas estudiantiles. Son
años convulsos. Nadie quiere someterse a la satrapía del dictador:
conocen sus garras. Un sentimiento de repulsa popular se levanta con-
tra el hombre que burla sin reparos los derechos constitucionales de la
nación.

Faure Chomón Mediavilla:

«[...]Cuando José Antonio se incorpora a la universidad, y al producirse el golpe militar que sitúa al tirano Batista en el poder, se encuentra en un medio donde impera una dirección estudiantil claudicante, sin reales propósitos revolucionarios, que no avizoran la perspectiva oscura y siniestra que se abre dramáticamente para el pueblo[...]

»[...]Dos hechos significativos producirán las masas estudiantiles revolucionarias en este período, al irse por encima de la dirección "tramitada": fueron la poderosa manifestación del 15 de enero y la manifestación de las Antorchas el 28 de enero, ambas en 1953. En la primera, los estudiantes revolucionarios seguidos por el pueblo dirigieron la marcha hacia el Palacio Presidencial, situándose a la cabeza de la manifestación y rompiendo de esa manera con la estratagema de los "tramitados". José Antonio emerge ese día como el dirigente principal en el combate universitario. La segunda se transformó de intento pasivo y formal, en pujante manifestación con la presencia de cientos de compañeros organizados, que en marcha marcial y combativa asomaban como otra lengua de fuego, a cuyo frente marchaba Fidel.[...]»[1]

René Anillo Capote:

Siempre que me preguntan por José Antonio yo suelo decir que en mi opinión José Antonio era tan singular, que José Antonio Echeverría sólo se parecía a José Antonio Echeverría. Matriculó en la Escuela de Arquitectura el 23 de septiembre de 1950. Yo lo conocí allí, aunque yo era estudiante de Derecho. José Antonio era singular porque toda su trayectoria va en ascenso en todo lo que se propone. Así se propuso combatir el gobierno tiránico de Fulgencio Batista, y se convirtió en el líder indiscutible del estudiantado, y llegó a ser una figura nacional. José Antonio no sólo está entre los que suscriben el documento de la Federación Estudiantil Universitaria que denuncia el golpe militar, sino que también, en ese propio año, interviene junto con otros estudiantes, entre los que se haya Osmel Francis de los Reyes, en una protesta que se da en el Stadium del Cerro, donde enarbolan una tela llamando al acto en recordación de los estudiantes de Medicina que se iba a efectuar el 27 de noviembre de 1952.

[1]*Granma*: 13 de marzo de 1987, p.2.

María de los Ángeles Pumpido de la Nuez, *Mery*:

En ese mismo año se inician las prácticas de armas en la universidad. Son clases con armas y táctica de guerra, impartidas por un puertorriqueño a quien le decíamos Juanín, estudiante de la Escuela de Estomatología y también por Pedro Miret y Lester Rodríguez. Estas clases tenían lugar en el local de la Asociación de Estudiantes de Medicina, hoy Facultad de Biología. Allí no sólo practicaban estudiantes, sino también obreros y profesionales.

Noche tras noche comenzaban a partir de las nueve. Yo había hecho que mis padres me pagaran unas clases en una de las tantas academias privadas que repasaban asignaturas, para poder escaparme y después ir a las que sí necesitaba y me interesaban. Nos reuníamos en la cafetería de L y 27, y desde allí en pequeños grupos íbamos para el local de práctica.

Humberto Castelló Aldanás:

A los pocos días del Golpe de Estado, ya hicimos acciones. Lo primero fue ocupar una estación de radio que transmitía para Venezuela contra Pérez Jiménez. Estaba en el sótano de un edificio situado en Ronda 9. Nos la fuimos llevando pieza por pieza, en un jeep que tenía Wangüemert. A través de Roa conseguimos una llave de la azotea de la Escuela de Ciencias, y allí estuvimos trabajando Wangüemert, Enriquito y yo. Claro, el cerebro en eso era Wangüemert, que tenía mucha habilidad para todas las cosas electrónicas, de armas.

Bajo el grito de: ¡Todos a la calle!, los estudiantes se unen para salir en masa de las aulas universitarias en dirección al Parque Central. Llegan a Prado y San Lázaro. Es uno de los tantos mítines de repulsa. Chorros de agua provenientes de los carros bomberos tratan de detenerlos. Alzan la bandera Patria y una tela enorme donde se lee bien claro: ¡Abajo la Dictadura! Es el 15 de enero de 1953. La manifestación parece indetenible. La policía, que no puede controlar la situación, comienza a disparar, y resulta herido Rubén Batista Rubio, quien muere posteriormente.

María de los Ángeles Pumpido de la Nuez, Mery:

En la universidad convergen todos los elementos revolucionarios. Un grupo de estudiantes participa en el llamado Movimiento Nacional Revolucionario, dirigido por el profesor Rafael García Bárcenas, entre ellos, Armando y Enrique Hart, Faustino Pérez, Manolito Carbonell. A la universidad acuden y participan en las actividades los futuros asaltantes del Moncada.

Fidel conversa con los distintos compañeros. Va noche tras noche al Calixto García durante la agonía de Rubén Batista. Por las noches se reúnen en una especie de asamblea, por decirlo de algún modo, compañeros de todos los grupos, tratando de unificar fuerzas para la lucha contra Batista.

Faure Chomón Mediavilla:

Aquella juventud estudiantil y obrera estaba inspirada en la causa de la Revolución pendiente, la de José Martí y Julio Antonio Mella, cuyo proceso hacia el triunfo había quedado truncado varias veces por el imperialismo y la falta de visión de otros. Fueron los incansables, los indoblegables e intransigentes que tomaron las banderas de la liberación, la independencia, la soberanía y la justicia social, de las manos históricas de las generaciones anteriores.

Yo comencé a conocer a José Antonio en la manifestación en que la masa estudiantil se impuso sobre la dirección claudicante de la FEU el 15 de enero de 1953. En los meses anteriores lo había observado en la universidad. Habíamos coincidido entre la masa estudiantil exigiendo acción frontal contra la tiranía de los dirigentes "tramitados", y cuando en una asamblea convocada por representantes de los grupos revolucionarios que plantean la lucha armada, celebrada en la Escuela de Arquitectura enfrenta a un grupo de alumnos blandengues e inescrupulosos que habían gestionado con el gobierno pasajes de avión para ir a México a un Congreso de Arquitectura. Esa vez le propinaron, a traición, un banquetazo en la cabeza y saldría herido.

El 15 de enero José Antonio me salvó la vida. Un policía me apuntaba y yo no lo había visto, pero él en medio de la lucha se dio cuenta, y me levantó en peso ayudado por otros compañeros, llevándome hacia el interior de una cafetería donde me alertó de lo sucedido.

A través de la lucha nos fuimos haciendo grandes amigos para querernos como hermanos... Tenía un carácter muy fraternal, siempre dispuesto a darse a los demás. Cuidaba más a sus compañeros del peligro que a él mismo. Disponía de una gran serenidad para enfrentar los momentos más difíciles. Tenía un gran poder de análisis y sabía escuchar para formar su pensamiento. Sus ideas eran las de un revolucionario radical de su época que actuaba para hacer la Revolución. Se hizo rodear, para dirigir el Directorio, de compañeros de izquierda, con un programa antimperialista y de justicia social.

Antonio Guevara Fournier:

La policía no respetaba la autonomía universitaria. José Antonio siempre salía al frente de las manifestaciones y si tenía que fajarse a piñazos se fajaba. Nos recibían a palo limpio, a chorros de agua, casi siempre el choque era en Infanta y San Lázaro. Nosotros ahí, firmes, de pie. El choque era muy desigual y después de resistir un rato, teníamos que dispersarnos. En una de las primeras manifestaciones cae Rubén Batista. Porque al ver que no nos disolvíamos, dispararon a mansalva.

La lucha se va radicalizando. Comienza el trasiego de armas. Algunas llegan por el puerto de La Coloma, Pinar del Río, y son destinadas a distintos grupos de la capital. Bien camufladeadas, en camiones de volteo, en máquinas de alquiler donde se esconden detrás de las vestiduras de las puertas, o guarnecidas en simples sacos de yute como vulgar mercancía, van entrando lenta pero incesantemente, sigilosas.

Amado Silveriño Carnero:

Desde el mismo 10 de marzo quedamos organizados para hacer algo contra Batista. Se trabajó mucho cargando armas de Pinar hacia La Habana. Te estoy hablando de los años 53, 54 y 55. Las cargábamos en distintas formas, en camiones con carbón y se trajeron también solas, a riesgo del valor personal de algunos combatientes. Después, el propio Menelao Mora dio un viaje a Miami y trajo un buen cargamento. Para tenerlas, para hacer algo. Hubo delaciones, problemas, y fracasan varios intentos, varias acciones, pero nosotros seguíamos en el trasiego. Casi todo entró por La Coloma, un solo cargamento entró por Matanzas. Con esos hierros se hicieron varios atentados. Esas armas, o parte de ellas fueron las que se utilizaron en el asalto al Palacio Presidencial.

JUAN GUALBERTO VALDÉS HUERGO, *BERTO*:

En aquella época yo trabajaba en una fábrica de mariscos enclavada a dos kilómetros de la ciudad de Pinar del Río. En una ocasión, Pedro Ortiz, a quien nosotros le decíamos *Perico*, me presenta a Medinita. Él me plantea que hacía falta un chofer y yo me brindé. Hicimos varios traslados de armas desde Boca de Galafre, Punta de Carta y desde La Coloma a Pinar, en un panelito cerrado, casi siempre a eso de las cuatro o cinco de la madrugada. El punto clave en eso era Armando André, patrón de un barco esponjero. Entraron armas muy buenas, entre ellas ametralladoras Thompson, M1, M2 y algunas granadas. Todo lo dejábamos en una casa situada en la carretera de La Coloma, muy cerca de la ciudad. Esas armas las había gestionado el propio Menelao desde México.

HUMBERTO CASTELLÓ ALDANÁS:

Recién graduado de médico, yo no me puedo mantener en La Habana, y tengo que arrancar para el pueblo de Los Palos, a una finca donde mi madre tenía una escuela. Allí instalé la consulta y empecé a tener mis primeros éxitos en mi carrera como clínico, sobre todo en pediatría infantil. Los casos de muerte en niños, por vómitos y diarreas, eran espantosos. Como nadie tenía dinero, ni un kilo, no podía ni cobrar. Era lo que se conocía como tiempo muerto, una miseria tremenda. La cosa estaba mala, pero muy mala. La gente no tenía trabajo. Había mucha miseria, mucho tiempo muerto. Éramos pocos los que teníamos un empleo asegurado.

El 26 de julio de 1953 acontece el ataque a los cuarteles Moncada, de Santiago de Cuba, y Carlos Manuel de Céspedes, de Bayamo; sucesos que cambian y estremecen el panorama nacional. Los hechos posteriores y el asesinato de gran parte de los asaltantes ponen de relieve el genocidio del régimen gobernante. Por suerte, quedan militares dignos y manos generosas preservan la vida de Fidel Castro, quien después del juicio sumarísimo donde se autodefiende, llega al presidio de Isla de Pinos, condenado a quince años de privación de libertad, junto con su hermano Raúl, Almeida y un grupo de combatientes.

MARÍA DE LOS ÁNGELES PUMPIDO DE LA NUEZ, MERY:

A partir de esa acción del 26 de Julio, el movimiento estudiantil entra en una etapa en la que al fin se barre a los vacilantes de la dirección del estudiantado. Era necesario conseguir buenos candidatos para cada Facultad, elementos que pudieran radicalizar la lucha, pues no todos los presidentes tenían la misma actitud, había mediocres y mediatizados.

José Antonio ha ido destacándose y pasa a la vicepresidencia de la Escuela de Arquitectura, con una postura muy digna, muy revolucionaria.

JULIO A. GARCÍA OLIVERAS:

En ese momento, en la universidad, la dirección de la FEU estaba contaminada por la politiquería. Y no me fue fácil seguir esa dirección, aunque desde el mismo 10 de marzo de 1952 comienzo a participar en acciones revolucionarias. Fue una reacción contra el golpe militar, contra Batista lo que me movilizó.

Quizás el hecho que me une a José Antonio ocurrió meses después, cuando se me ocurre formar un grupo armado, no una organización, y para ello hablo con mis compañeros de curso, que provenían del bachillerato. Cuando oyeron hablar de lucha armada e insurrección, todos, uno por uno se rajaron. Es después, cuando José Antonio ocupa la presidencia FEU, que se despeja todo eso, y esos personajes, que se paseaban por la Plaza Agramonte hasta con pistolas, son barridos y arrojados de la Colina.

El movimiento estudiantil encabezado y dirigido por José Antonio Echeverría va a ocupar el espacio que media entre los hechos del 26 de julio de 1953 y el 2 de diciembre con la llegada de Fidel. El asalto al Palacio Presidencial es una gran batalla que da cumplimiento a los acuerdos suscritos en la Carta de México y eleva la lucha armada a un alto nivel en la capital. Es la juventud con sus protestas, manifestaciones y tánganas el mayor protagonista de ese período convulso.

José Antonio se mueve, se mueve rápido. Resulta vencedor en las elecciones de la Facultad de Arquitectura y mantiene su aspiración de presidir la Asociación de Estudiantes. Transcurre el curso académico 53–54. Junto con Fructuoso Rodríguez, Juan Pedro Carbó Serviá y varios estudiantes más interviene en los carnavales. Ya frente a la pre-

sidencia del evento enarbolan una tela denunciando a la dictadura.
Apresados, son conducidos a la Tercera Estación de Policía, donde se
les propina una señora paliza. En esta ocasión resultan condenados a
treinta y un días de cárcel por el Tribunal de Urgencia de La Habana.
Decididos se declaran en huelga de hambre y días mas tarde abando-
nan la prisión respaldados por un gran movimiento de protesta estu-
diantil. El 30 de septiembre de 1954, al cumplirse un aniversario más
de la muerte de Rafael Trejo, asume la presidencia de la FEU.

FAURE CHOMÓN MEDIAVILLA:
«[...]Fructuoso Rodríguez proclama a José Antonio presidente de
la FEU en un acto público el 30 de septiembre de 1954. Fructuoso, inte-
ligentemente, hizo aplicar el reglamento, cuando al renunciar el presidente y el vicepresidente, precisó que por sustitución reglamentaría le
correspondía la presidencia a Echeverría, que era el secretario general
de la organización.

»Por esa época hay agrupaciones de estudiantes revolucionarios en
las distintas escuelas que, vinculadas entre sí, se plantean la lucha contra la corrupción en la Universidad, mediante la denuncia de esos males
por una razón de principio y así poder, con esa fuerza moral, enfrentar
enérgicamente a la tiranía.

»José Antonio, ya como presidente de la FEU, se traza el firme
propósito de oponer la organización a la tiranía para lo cual se mueve
constantemente, haciendo contacto con los factores más positivos que
luchan contra el régimen.

»La presencia de José Antonio al frente de la FEU –aunque aún no
hay un equipo de dirección revolucionario, mayoritario y homogéneo–,
liquida el estilo claudicante de aquellos que la habían dirigido hasta
entonces.[...]»[2]

RENÉ ANILLO CAPOTE:
José Antonio participa con un grupo de estudiantes, entre los que
se encuentran Álvaro Barba Machado, Fructuoso Rodríguez, Juan Pedro Carbó Serviá, Osmel Francis, Gustavo Blanco, Enrique Corona,
Juan Rivero y quien le habla, en un hecho protesta, donde se va a exhi-

[2]*Granma*: 13 de marzo de 1987, p.2.

bir una tela desde un camión, en medio de los carnavales de La Habana, que como ahora, se celebraban en los meses de febrero o marzo. Por esos hechos se nos levanta una acusación por actos subversivos y fuimos condenados por desorden público. Ya desde El Príncipe se conducen protestas y denuncias, porque fuimos severamente apaleados y reprimidos por el coronel Conrado Carratalá y el comandante Rey Castro, en la Tercera Estación, que era la sede de la Policía de Turismo.

En enero de 1955 sale José Antonio a combatir la invasión costarricense al servicio de Somoza. Le acompaña Fructuoso y a su regreso son detenidos y conducidos al cuartel del Servicio de Inteligencia Naval, en la vieja fortaleza de San Severino, en Matanzas.

Excarcelado inmediatamente por la presión estudiantil, José Antonio participa en un evento dirigido por la FEU, donde se denuncia el proyecto del Canal Vía Cuba, extremadamente peligroso para la soberanía e integridad del territorio nacional. Este canal, similar en su funcionamiento al de Panamá, dividiría la isla entre Cienfuegos y Matanzas, y el proyecto respondía a intereses cubano-norteamericanos.

La FEU convoca. Es el 13 de febrero de 1955, segundo aniversario de la muerte de Rubén Batista. Apretados, unidos entre sí, los estudiantes se disponen a salir en manifestación multitudinaria. José Antonio al frente, va sin miedo ni vacilaciones. Las voces se unen y entonan el Himno Nacional. Los gritos son ensordecedores. Se pide el ajusticiamiento del tirano. Como tantas veces, la policía los enfrenta. José Antonio cae inconsciente. Son muchos los golpes recibidos. Sucesos parecidos se reiteran a principios de mayo en Matanzas, al conmemorarse la muerte de Antonio Guiteras.

Faure Chomón Mediavilla:

«[...]La etapa que comenzaba en el año de 1955 sería la de máxima violencia en las manifestaciones de calle y en la liquidación de los elementos pseudorrevolucionarios en la Universidad. En lo interno un punto de partida fue la denuncia de dichos elementos en una carta dirigida al Consejo Universitario y hecha pública, que firmaba un grupo de estudiantes y que motivó se abriera un proceso de investigación.[...]

»Al elevarse la represión contra las manifestaciones estudiantiles, José Antonio decide aplicar una fase superior en la radicalización de la acción de las masas introduciendo la defensa armada.[...]»[3]

ANTONIO GUEVARA FOURNIER:

José Antonio no llega a la presidencia de la FEU por casualidad, no señor, sino por su prestigio, su valentía. La gente lo apoyaba, tenía un poder movilizativo. Me acuerdo un día en que se fajó a piñazo limpio con un gendarme. Eso fue a trompones.

El estudiantado lo ratifica como presidente, tenía que ser. Incluso a mí un día casi me secuestran para que no votara por él. Y lo hizo un amigo mío, digo, uno que se decía amigo mío, porque quería que yo votara por otro candidato. Y después que me llevó en auto por el Malecón, me bajaron y me amenazaron. De todas maneras quería que yo le dijera por quién yo iba a votar.

No me quedó más remedio que decirle la verdad, que yo iba a votar por José Antonio. Él, entonces, trató de convencerme para que votara por el otro. Y hasta me amenazaron. Yo me mantuve en mis trece, y le reiteré: No, chico, tú estás equivocado. Yo voy a votar por José Antonio, porque yo tengo la seguridad de que él es distinto a los demás, y él puede llegar a hacer lo que nadie ha hecho. Después, me dejaron tranquilo.

FAURE CHOMÓN MEDIAVILLA:

Guevara fue amenazado de muerte. Le secuestró un vicepresidente, a quien amenazaron poniéndole una ametralladora en la cabeza para chantajearlo. Dicho vice enfermó de los nervios por largo tiempo. Guevara se mantuvo firme. Hubo intercambio de mensajes entre las dos partes en la cafetería del Carmen, en Infanta, lugar conocido entre nosotros como "la tierra de nadie". Los tramitados plantearon que iban a matar al vicepresidente y Guevara (el Directorio) contestó que nos entregaran el cadáver para velarlo en el Aula Magna. El emisario del Directorio fue el Moro Assef.

En abril aborta la conspiración de Los Puros, que representa a una parte de la oficialidad confabulada para derrocar a Batista, con la

[3]*Granma*: 13 de marzo de 1987, p.2.

finalidad de nombrar como presidente de la República al doctor Clemente Inclán, rector del máximo centro docente. Días después, la policía, violando la autonomía universitaria, invade la biblioteca de la FEU y destruye documentos y enseres del rectorado. Carratalá y Salas Cañizares salen envalentonados, mostrando en el cinto y en las manos asesinas, los símbolos de la fundación de la universidad.

Salas Cañizares, jefe de la Policía, sentencia: El consejo universitario tiene que acabar en la universidad con los elementos perturbadores, o con los comunistas, o los va a acabar la policía.

Acciones de todo tipo se desencadenan. El 20 de mayo la FEU convoca al acto de recibimiento a los prisioneros y exiliados de Isla de Pinos, luego de aprobarse la amnistía que firma el dictador ante el reclamo unánime de la población y el evidente malestar de las clases sociales del país. Fidel es invitado, es invitado a hablar, pero la policía rodea el recinto universitario e impide la realización del hecho.

RENÉ ANILLO CAPOTE:

José Antonio, Fructuoso y quien le habla fuimos a recibir a los presos amnistiados, por cuyo reclamo y demanda fuimos golpeados y condenados en marzo de 1954. La FEU demandó amnistía completa, porque Batista se proponía otorgar una amnistía que no incluyera a todos los moncadistas, a los moncadistas, pero no a Fidel. Batista había entrado en un juego con el gobierno norteamericano a partir de la visita a Cuba de Richard Nixon el 6 de febrero de 1955, y el establecimiento del Buró Represivo de Actividades Comunistas (BRAC) después de la visita de Allan Dolles a La Habana.

Transcurre agosto de 1955. La cita es en Santa Marta y Lindero. Allí, en un almacén, desde días antes se han trasladado las armas. Hay un buen parque que incluye ametralladoras y fusiles, también dinamita. Los hombres van llegando por grupos, discretamente, tratando de no levantar sospechas. El plan incluye el asalto a Palacio, la sección de la Radio motorizada de la Policía y el ataque al Buró de Investigaciones del Servicio de Inteligencia Militar (SIM). Piensan que todo está preparado, previsto.

Empieza a llover, una llovizna pertinaz. De pronto, en la bocacalle aparece un carro del SIM, y de su interior se lanzan los esbirros, ametralladora en mano. José Antonio, a su vez, en un auto cercano, logra escapar. Detienen a Pedro Carbó Serviá, a Machadito y otros.

JUAN JOSÉ ALFONSO ZÚÑIGA:

Yo formaba parte de ese grupo. Eso se frustró unas horas antes del ataque. Se contaba con buenas armas y más recursos que cuando 1957. Yo mismo había suministrado los planos del Palacio, que me había hecho llegar un periodista de la oficina de prensa del mismo Palacio. Ya cuando aquello, Aureliano Sánchez Arango, representante de la Triple A y Menelao habían roto con Prío. Había muchas discrepancias. Menelao era partidario de que había que fajarse, de que había que ir a Palacio y hubo una discusión muy fuerte entre Aureliano y Menelao.

También hubo elementos comprometidos, principalmente priístas. Ellos mismos nos delataron a la Policía e hicieron abortar la acción para no verse comprometidos a participar, debido a los pronunciamientos tan tajantes de Menelao. Y es que Menelao era así y lo demostró cuando se hace el ataque en el 57, que participa como soldado raso. Él lo depone todo con tal de que se realice la acción. Él había sido representante a la Cámara y jefe de un sector obrero importante como la Cooperativa de Ómnibus Aliados, y sin embargo, él no llega a grado ninguno cuando el ataque. No los quiso, a pesar de su jerarquía como figura política, reconocida en aquel momento. Él no aceptó ningún malentendido. Su posición fue muy clara. Era un hombre muy prestigioso, muy querido en ese sector obrero.

Yo sí te digo que yo conspiré con Prío, con Aureliano, y le limpié las armas con que se movía, las que se guardaban en una casa de la Víbora. Yo pertenecía más bien a las filas auténticas, pero yo era profundamente anti-batistiano. Y si llega a venir Chiang Kai-shek a Cuba y forma una célula contra Batista, yo le hubiera dado todo mi apoyo, porque lo mío era eso y lo tenía bien, pero que muy bien definido.

ENRIQUE RODRÍGUEZ LOECHES:

«Unos días antes de ser ocupado un arsenal de armas en el Country Club, Menelao Mora asume la responsabilidad máxima del movimiento insurreccional priísta en el país. A pesar de sus promesas de venir a Cuba, el doctor Prío sigue en el exilio. Con numerosos escollos tropieza

Menelao Mora, ¡pero insiste en el proyecto de eliminar físicamente al dictador! A ello se entrega las veinticuatro horas del día, y a fines del mes de julio del año 55, todo luce preparado. Para ello cuenta con viejos luchadores que vacilan en los últimos momentos, y cientos de combatientes, entre los que había numerosos estudiantes, esperan durante horas por las armas que habrían de redimirnos. En la esquina formada por las calles Santa Marta y Lindero son detenidos: Rolando Cubela, Fructuoso Rodríguez, José Machado, Ramón Guin, Juan Pedro Carbó Serviá, Pedro Ace, etc. Milagrosamente escapan del lugar, entre otros, José Antonio Echeverría y Primitivo Lima. En otra parte de la ciudad aguardan igualmente por las armas José Wangüemert, Faure Chomón, Humberto Castelló, Eduardo Castillo, Orlando Pérez, el que esto escribe y docenas de jóvenes cubanos que en vano esperaron con el ánimo de atacar el Buró de Investigaciones, la Sección Radiomotorizada de la Policía Nacional y el Palacio Presidencial. El 4 de agosto de 1955 hubo una movilización en la ciudad de La Habana de no menos de mil hombres. Daniel Martín Labrandero y Carlos Gutiérrez Menoyo, dos de los jefes militares máximos de las operaciones proyectadas, quedaron esperando por las órdenes.

»Todas las acciones estaban subordinadas a la "operación Palacio", que por vacilaciones inexplicables no se llegó a emprender. Numerosas armas fueron descubiertas en distintos lugares de la capital, principalmente en torno al Palacio, alrededor del cual se habían emplazado varios morteros.

»Días después de los acuartelamientos del 4 de agosto, arribó sorpresivamente a Cuba el ex-presidente Prío. Los factores insurreccionales de la Isla, que en una u otra forma tenían fe en él, quedaron desconcertados.

»Fidel Castro se hallaba en el exilio buscando armas y preparando su expedición. José Antonio Echeverría, convencido que no había nada que esperar de los "elementos políticos", comienza a dar los primeros pasos en la formación del DIRECTORIO REVOLUCIONARIO.[...]»[4]

MANUEL JOSÉ GÓMEZ SARTORIO, *EL AMERICANO*:
En la acción de Santa Marta y Lindero, participé en el trasiego de armas, que iban camuflageadas dentro de las vestiduras de unos mue-

---

[4]FAURE CHOMÓN: *El ataque al Palacio Presidencial*, p.114.

bles que se trasladaron para una casa cercana. Allí estuvimos, esperando en la calle. No era fácil mantenerse tantas personas en una calle sin llamar la atención. Íbamos en grupo a los comercios a comprar fósforos, cigarros, algo de comer. Pero, los propios comerciantes nos miraban desconfiando, con extrañeza.

Al poco rato, alguien dijo: Desaparezcan, que esto se acabó. Nos retiramos apresuradamente. Después, llegó la policía y ocupó el arsenal de armas. Nosotros seguimos esperando a que se presentara otra acción.

Nuevos enfrentamientos se desencadenan. José Antonio vuelve a ser ratificado como presidente de la FEU. A nombre de la organización trata de enviar una carta al coronel Cosme de la Torriente, en la que denuncia infructuosa toda gestión con el gobierno, y declara abierto el camino de la resistencia revolucionaria contra la tiranía, única vía posible de lucha y de triunfo.

Es el 2 de diciembre de 1955. La policía que ya los espera, intercepta la muchedumbre en Infanta y San Lázaro. Los estudiantes responden por primera vez con la riposta armada. Son golpeados Echeverría, Fructuoso y Alfredo Echeverría.

Dos días después la televisión cubana difunde un hecho insólito. En medio del juego de pelota los estudiantes ganan el terreno. Despliegan carteles y telas acusatorias: ¡Abajo la dictadura! ¡Muera el tirano! Las cámaras captan el encuentro que se trasmite nacionalmente y la lucha desigual entre policías y estudiantes.

Lejos de amilanarse, la FEU vuelve a convocar al pueblo para el 7 de diciembre, con el fin de dirigirse al Parque Maceo, manifestación que también intercepta la policía y donde hieren a Juan Pedro Carbó Serviá y a Camilo Cienfuegos.

Los acontecimientos se desatan en cadena con el entierro simbólico de Raúl Cervantes y el paro nacional de cinco minutos, que apoya todo el país incluyendo el sector gastronómico y las emisoras radiales de la capital.

JOSÉ ASSEF YARA, EL *MORO*:

El 2 de diciembre JoséAntonio hace un discurso muy fogoso en la FEU. Y ya al finalizar, toma la bandera cubana enarbolándola, y arenga a los estudiantes para salir en manifestación, diciéndoles: ¡A la calle, síganme!

Estaba calculado que la manifestación sería interceptada por la policía en Infanta y San Lázaro. Él siguió menospreciando elpeligro. Cae herido. Es muy patética esa foto donde se ve a su hermano abrazado a él, y a un lado, Fructuoso herido también junto a Fulgencio Oroz, este último casi un niño, pertenecía a la Juventud Socialista.

Alfredito trató de cubrir el cuerpo del hermano para protegerlo y evitar que José Antonio recibiera otro golpe en la cabeza. Ese día decidimos probar fuerzas y con nuestras armas hicimos frente a la tiranía. Hicimos un cambio en la táctica de la lucha.

MARÍA DE LOS ÁNGELES PUMPIDO DE LA NUEZ, *MERY*:

Todo había sido preparado previamente. José Antonio tomando la bandera cubana salió a la calle seguido por la masa estudiantil. Las escalinatas fueron bajadas por un centenar de estudiantes. El Gordo comenzó a cantar el Himno Nacional. El contingente apresuró el paso en dirección a la muralla azul que se divisaba en San Lázaro. Una vez terminada la refriega, los compañeros ubicados a ambos lados de la escalinata abren fuego.

José Antonio, Fructuoso y Alfredo caen en el primer choque, pues la policía los conocía bien y tenía identificados a los principales dirigentes, pero estos golpes no quedaron impunes, ya que ese mismo día son heridos dos altos oficiales policíacos y un total de diez o doce esbirros resultan abatidos en esa acción combinada. El mensaje llegó de todas formas al bufete de Don Cosme por vía de Luis Blanca y José Venegas, quienes por órdenes expresas de Echeverría, lo habían llevado en automóvil, burlando la vigilancia de los sicarios.

Después, las armas fueron sacadas y escondidas en el Calixto. Ya en ese momento se dan los pasos para proclamar públicamente la fundación del Directorio. En agosto se produce el episodio de Santa Marta y Lindero, y Echeverría pasa a la clandestinidad. Fructuoso es detenido y enviado a prisión. Se llevan a cabo varias reuniones y después bajo la presidencia de Echeverría se efectúa la primera reunión del ejecutivo del Directorio, a la que acuden, además, Fructuoso como segundo y sustituto del Gordo; Anillo, secretario general de la FEU, se encargaría del movimiento estudiantil; Joe Westbrook a cargo del movimiento estudiantil de la segunda enseñanza; Rodríguez Loeches atendería la organización de los graduados. Faure tenía la responsabilidad del aparato de acción, y Julio García Oliveras trabajaría con él.

FAURE CHOMÓN MEDIAVILLA:

José Antonio fundamenta la necesidad de crear lo que ha de ser el Directorio. Se acuerda el nombre y se explica la tesis de la radicalización en sus distintas etapas que deberá conducirnos a la lucha armada. Se determina crear la Sección de Acción, que debería comenzar a organizar a los compañeros en el movimiento estudiantil, iniciándose en la universidad, y crear la rama externa que se estructura con obreros,y a preparar los primeros medios para la lucha clandestina.

Al elevarse la represión contra las manifestaciones estudiantiles, José Antonio decide aplicar una fase superior en la radicalización de la acción de las masas introduciendo la defensa armada. Ordena a la Sección de Acción preparar un comando armado que ha de cumplir esta tarea. Después que la policía ataque, sería contraatacada por el comando del Directorio, una vez que las calles queden despejadas de manifestantes para no poner en peligro a ninguno. Así sucedió el 2 de diciembre de 1955. Ese día se desenmascaran las maniobras mediacionistas de la oposición politiquera con el tirano. Acciones similares se repitieron el 13 de febrero y después el 20 de abril de 1956, hasta que se pasó a acciones armadas de otro carácter a medida que nos acercábamos al desembarco de los expedicionarios del "Granma".

La lucha estudiantil se radicaliza aún más y sus postulados respaldan la huelga azucarera a fines del mes de diciembre. Previamente, la FEU ha hecho todo un trabajo organizativo. José Antonio, Oliveras y Anillo recorren todo el país. Para organizar y garantizar la agitación revolucionaria quedan distribuidos algunos compañeros, por parejas, encargados de atender los centrales por provincia.

Es así como Fructuoso, Joe, Carbó y Faure, marchan hacia Las Villas, a José Assef y Pedro Martínez Brito les corresponde Camagüey, Ángel Quevedo va a Cienfuegos, Castelló, a Los Palos, Ormani Arenado y otros, a Pinar, provincias donde, desde sus años estudiantiles, mantienen estrech. ˌntacto con los trabajadores del sector azucarero.

RENÉ ANILLO CAPOTE:

En todo el proceso que va del 52 al 54 José Antonio comienza a destacarse como una figura sobresaliente en el movimiento estudiantil. Al mismo tiempo anima la revista *Espacio* que se consideraba la mejor revista de arquitectura que se publicaba en Cuba. Cuando asume la presidencia de la FEU en 1954 , no es todavía el líder que va a ser en 1955, cuando desde la cárcel de El Príncipe donde se haya desde el 2 de diciembre, luego de un corto período de una semana en un hospital porque estaba herido en la cabeza, dirige la huelga obrera más importante de todo el período: la huelga azucarera que duró más de dos semanas. Hubo centrales como el Estrella, hoy República Dominicana, donde duró muchas semanas, y puedo decirte que fue allí excepcional, porque los obreros se fueron de sus viviendas y acamparon en lugares distantes para que el ejército no pudiera irlos a buscar.

Habíamos participado junto a José Antonio y García Oliveras recorriendo antes todo el país. Y se habían distribuido compañeros por parejas en las distintas provincias en función de este proceso. La huelga tenía fines políticos contra la tiranía, a partir de reclamaciones de carácter reivindicativo, parte de las cuales se lograron cuando Batista se vio obligado a aceptarlas en enero de 1956.

Los estudiantes no cesan. La ira sedimentada por largo tiempo se ve canalizada ahora por una estrategia de lucha bien pensada. Manifestación tras manifestación evidencian la actitud inclaudicable y el enfrentamiento tajante a las fuerzas de la tiranía. Nadie teme, nadie vacila. Está próxima la Nochebuena, pero no es tiempo para festividades. Los ánimos caldeados enrutan objetivos importantes. Todos viven alertas esperando el llamado de la FEU.

JOSÉ ASSEF YARA, *EL MORO*:

Recuerdo que en esa época jaraneábamos mucho entre nosotros. En uno de sus discursos, José Antonio terminó diciendo: Y mi voz que

31

no es más que un murmullo en el pueblo de Cuba, pronto se convertirá en el grito de redención que anhela el pueblo cubano.

Y en otro de esos discursos fogosos que José Antonio pronuncia en la Plaza Cadenas, hoy Plaza Agramonte, él mira para mí y no sé por qué tiene la impresión de que yo estaba disgustado, o bravo. Cuando termina, va para donde yo estoy y me dice: ¿Qué te pasa, mulato? Un tratamiento que era costumbre entre los dos. Yo me quedo callado, no le respondo. Y entonces, él insiste: Ah, ya sé lo que te pasa. Se me olvidó acabar con lo del murmullo, ¿eh? Y yo le respondí: Sí, eso mismo es. No terminaste como a mí me gusta.

Antonio Guevara Fournier:

La vida en la universidad no era fácil. La policía nos rodeaba y no nos dejaba pasar de Infanta y San Lázaro. Hacían lo que les daba la gana. Ese día convocamos, pero no precisamente fue una movilización. Y cuando tiraron el primer tiro, les tiramos cuatro. Huyeron despavoridos. A partir de ahí no se atrevieron más a subir. Nos empezaron a respetar, a temer. Se situaban allí mismo, en Infanta y San Lázaro, pero más nunca se acercaron a la universidad.

René Anillo Capote:

José Antonio Echeverría, dirigente político de la huelga azucarera, es el José Antonio Echeverría que en noviembre de 1954 desde la FEU apoya la reivindicación de los trabajadores cubanos de la Base Naval de Guantánamo. Es el José Antonio que en diciembre de ese mismo año apoya a los trabajadores tabacaleros, amenazados de despido por la introducción de la mecanización en el torcido, y es también el que se solidariza con los obreros portuarios amenazados por el despido compensado por la introducción de la mecanización, por ejemplo, en los embarques de azúcares a granel, que sólo pudo implantarse cuando se eliminó el desempleo en el proceso inicial de la Revolución Cubana.

En 1955, la Asociación de Reporters de Teatro y Cine (ARTIC) proclama a la FEU como la institución cubana que más había promovido la cultura. Es decir, que es el dirigente que combate en las calles, que se solidariza con la clase obrera, e incluso, dirige y conduce su reivindicación y es reconocida por ella. Es también el que apoya la huelga de los trabajadores bancarios, la que duró una semana. Llega a ser una figura de relieve nacional. Tan es así, que la revista *Bohemia*, la publicación de mayor circulación y mayor prestigio en el país, consideró a José Antonio Echeverría, el joven más destacado de Cuba en 1955. Hecho que se repitiría en 1956 cuando es seleccionado por la misma revista, entre las cuatro personalidades más polémicas de ese año, es decir, Nikita Kruchov, Gamal Abdel Nasser y Fidel Castro Ruz.

El primero de enero de 1956, José Antonio Echeverría formula importantes declaraciones:

"A la juventud cubana nos sorprende el próximo año 1956 en dramático y turbulento proceso. El largo período de tiempo transcurrido desde el 10 de marzo hasta la fecha, ha ido acicateando la conciencia cubana, dando los frutos de la encendida protesta popular que hoy contemplamos. El camino está expedito para que el pueblo cubano, juntando voluntades, logre el cese total y definitivo de la dictadura batistiana[...]"[5]

Sus palabras son el preámbulo de acusaciones, juicios y persecuciones por parte del régimen. Enero se torna insoportable. El 10 la FEU convoca una manifestación en recuerdo a Julio Antonio Mella, tras reiniciar la universidad las clases después de mes y medio de paro debido a los hechos de finales de año.

Bajo fuerte custodia policial, vuelve a convocarse para el 28 de enero, en homenaje al natalicio de José Martí, acto que se intenta efectuar en el Parque Central de La Habana.

Echeverría, no obstante la prohibición dada por las fuerzas del régimen, confirma la decisión de salir, y según sus propias palabras debe participarse en buenas condiciones físicas.

Con una ofrenda floral avanza José Antonio, firme, hacia la estatua del Apóstol. ¡Qué mejor homenaje, en silencio, bajo la mirada respetuosa del estudiantado! Inmediatamente los esbirros se lanzan contra él. Ante el hecho, los estudiantes corren, corren formando un cerco que lo protege. De inmediato la trifulca y los golpes se generalizan. La

[5]Julio A. García Oliveras: *José Antonio Echeverría: La lucha estudiantil contra Batista*, p.263.

presencia mayoritaria de la policía es notoria y algunos estudiantes son arrastrados, otros, detenidos y conducidos a la estación de Policía más cercana.

ANTONIO GUEVARA FOURNIER:

El factor aglutinador era José Antonio y le seguía Fructuoso. Echeverría era muy querido por todos. Era el primero en todo, en todo. Por ahí andan las fotos que no mienten. Era muy valiente, tenía mucha autoridad, porque se la había ganado. Fue un líder extraordinario. Toda la universidad, toda, salvo una minoría lo respaldaba. Tenía una autoridad tremenda.

FAURE CHOMÓN MEDIAVILLA:

«[...]Ya José Antonio Echeverría, al igual que Mella en su época, era el líder indiscutible de los estudiantes cubanos. La inmensa mayoría de la FEU estaba compenetrada con él. [...]Solamente dos presidentes de escuelas, de las trece que integraban el Ejecutivo de la FEU, no seguían su línea y le hacían el juego a los politiqueros.[...]»[6]

Solemne ceremonia en el Aula Magna. José Antonio proclama la fundación del Directorio Revolucionario el 24 de febrero de 1956, aniversario del Grito de Baire.

Quince días más tarde, el 9 de marzo, con la presencia de exiliados latinoamericanos y el estudiantado en pleno, tiene lugar el acto Contra las dictaduras en América y al siguiente día José Antonio emite importantes declaraciones, a la vez que alerta contra la penetración trujillista.

Un período de censura de prensa se abre tras el ataque al cuartel Goicuría, en Matanzas, lo que hace mucho más riesgoso el movimiento en la clandestinidad y mucho más peligrosas las fuerzas represivas. Una parte del ejecutivo del Directorio prepara condiciones y sienta las bases para trabajar en silencio. Algunas casas, alquiladas ya, sirven de escondite para algunos combatientes perseguidos, y a ellas también va a parar el armamento.

[6]*Granma*: 13 de marzo de 1987, p.2.

RENÉ ANILLO CAPOTE:

El 9 de marzo se convoca al acto Contra las dictaduras de América, donde quedan denunciadas las dictaduras de Trujillo, Somoza, el propio Batista, Castillo Armas, Odria y Muñoz Marín, el gobernador colonial de Puerto Rico. Tres días después la prensa nacional publica en primera plana la visita del general Díaz Tamayo a Batista, al que le comunica que en la universidad hay una célula importante del comunismo internacional.

Cuatro días después, el 13 de marzo, un año justo antes de la caída en combate de Echeverría, el jefe del Buró de Investigaciones, Orlando Piedra Nogueruelas acusa a una serie de personalidades, entre ellas a José Antonio, Raúl Roa, Miguel A. Domínguez y a varios compañeros dominicanos y venezolanos invitados a hablar.

JULIO A. GARCÍA OLIVERAS:

El proceso de lucha en la ciudad, ligado a la clandestinidad, tuvo dos etapas: una primera del 52 al 55, cuando la universidad estuvo abierta, lo que permitió apelar a amigos, compañeros y familiares en caso de tener necesidad de esconderse. Solamente trasladarte de domicilio ya te daba cierta seguridad. Después, en la segunda etapa, a finales del 56, previo al desembarco, empezamos a crear nuestras bases, o sea, una red de casas de seguridad para que nuestro aparato clandestino pudiera moverse.

A mediados del 56 teníamos en La Habana tres casas, una super secreta a la que teníamos acceso solamente Faure y yo. Allí estaban las armas. Y dos apartamentos para vivir. Casi todos los departamentos tenían el número 13, porque en aquella época, por razones de fetichismo, la gente no los alquilaba. Esa red de casas tenía ciertas reglas de acceso. Mery tuvo una participación muy fuerte como enlace dentro de la sección de acción y era una de las encargadas de buscarlas y alquilarlas.

Casi siempre había un solo juego de sala que se ponía al frente para disimular cuando alguien abriera la puerta, y atrás lo que había eran catres y colchonetas.

Tuvimos siempre un apartamento de reserva para casos de emergencia. Nuestra zona de operaciones fue el Vedado, poblado por la burguesía, donde la policía no quería molestar. Es así como los apartamentos que se usan el 13 de marzo, están todos en esa zona.

María de los Ángeles Pumpido de la Nuez, *Mery:*

Empezamos a alquilar algunas casas y varios apartamentos para que José Antonio pudiera mantener contacto con los presidentes de la FEU de las diferentes facultades. Se alquilaron distintos apartamentos en el Vedado, y ya después uno por la Loma de Chaple, donde guardamos parte de las armas que fueron a Palacio. En uno del Vedado, del que teníamos llaves Faure, García Oliveras, Rubén Aldama y yo, fueron a parar las armas confiscadas revolucionariamente por nuestros compañeros, al fracasar un atentado contra Batista, y en el que participó un grupo nuestro. Con Faure trabajé directamente para ir buscando lugares seguros donde esconder la gente.

Ratificado una vez más como presidente de la Asociación de Estudiantes de Arquitectura y de la FEU, José Antonio viaja tras visitar Buenos Aires y Chile, a México, donde se encuentra con Fidel. Se abrazan fuerte. Los ideales los unen. Los dos analizan pormenorizadamente y discuten la situación cubana, las condiciones reales de la ciudad, las posibilidades de lucha y de lograr el triunfo definitivo. Firman la Carta de México, documento en el cual se reconoce que las condiciones en Cuba para la insurrección armada están creadas, y en el cual se unen en la lucha por llevar adelante la Revolución; el Directorio Revolucionario como brazo armado de la FEU y el Movimiento 26 de Julio. Los objetivos son bien claros y terminantes: barrer el régimen de oprobio que desangra la Isla desde el infausto Golpe de Estado del 10 de marzo.

René Anillo Capote:

Después que José Antonio sale de ese intento de atentado, se da a la tarea de reclamar la excarcelación de Fidel, preso en esos momentos en México. Lo reclama a las autoridades mexicanas y al propio presidente. Publica en la revista *Bohemia* su artículo: "¿Quebrará México su tradición de solidaridad?" Artículo que deviene polémica con el presidente de los periodistas cubanos.

Hasta julio se encuentra preso Fidel y a finales de ese mes, detienen a José Antonio en Buenos Aires, cosa que no se ha divulgado mucho. Por un discurso pronunciado en la Universidad de Buenos Aires donde plantea que los tres Golpes de Estado: el de Guatemala, el de Cuba y el de Argentina tienen un denominador común. En Cuba se firma el TIAR (Tratado Interamericano de Asistencia Recíproca), pero no el tratado de la OEA (Organización de Estados Americanos). En Guatemala, se había firmado el tratado de la OEA pero no el TIAR, y en la Argentina ninguno de los dos. Así fue depuesto el Gobierno constitucional de Cuba, luego, el ejército depuso a Jacobo Arbenz , y en la Argentina fue depuesto Domingo Perón. Por esos pronunciamientos fue detenido.

Después, viaja a México para encontrarse con Fidel. La reunión transcurre en un ambiente muy fraterno. No es sólo gente que coincide en una causa, sino que se simpatiza. Había mucho interés en conocer los planes de Fidel, que él explicó.

Esta declaración va a tener una enorme repercusión en el país. Se firma el 29 de agosto y ese mismo día se entrega a la United Press (UP), pero se entrega con embargo, es decir, que no puede publicarse hasta que yo no regrese. Yo tenía el propósito de regresar y José Antonio iba a continuar hacia Europa para intervenir en una conferencia internacional. En ese evento en Siri Lanka, tiene una participación muy destacada. Allí se emitieron resoluciones no sólo de solidaridad con Cuba, donde se reclamó la salida de los norteamericanos de la Base de Guantánamo, sino también se plantea la salida de los franceses de Vietnam, en un momento en que los estudiantes alemanes piden la salida de las tropas soviéticas de la parte oriental de su país.

La publicación de lo que hoy se conoce como la Carta de México está garantizada por la UP y se publica aquí el primero de septiembre en el diario *Información*. Batista en ese momento está muy confiado y permite su publicación. En julio ha tenido preso a José Antonio, y en México, a Fidel. En agosto el gobierno norteamericano le entrega armas y un mes después va a reunirse con Ike Eisenhower, presidente de los Estados Unidos. Ese es el tipo de gobierno que él puede hacer en Cuba, en su alianza hipócrita con los norteamericanos. Porque no pone en peligro ni la dominación norteamericana en Cuba, ni su posición en el gobierno. Puede darse el lujo de aparecer no tan dictador y un tanto demócrata.

Cuando yo llego al país, agentes del Buró de Investigaciones me están esperando en el aeropuerto para interrogarme. Yo tenía mi coartada. Había ganado un premio de oratoria, auspiciado por el *Diario Universal de México,* que dirigía el general Miguel Landurén, que por cierto era también el presidente de la Sociedad Interamericana de Prensa. Y eso mismo fundamenté. Por supuesto, ellos no iban a verificar esas explicaciones. Por otra parte, Batista había conseguido que en octubre se celebrara una reunión en La Habana de la SIP, y no le convenía tener problemas. Batista, repito, se sentía muy seguro y muy respaldado.

JULIO A. GARCÍA OLIVERAS:

«El jueves 28 de agosto de 1956, Fidel y Echeverría se estrechan las manos y se abrazan, al reunirse en un pequeño apartamento de la calle Pachuco, casi esquina a Márquez, a menos de cien metros de la sede diplomática de la tiranía batistiana en Ciudad México. Chuchú Reyes, futuro expedicionario del "Granma", fue el encargado de conducir a Echeverría a presencia de Fidel.

»El apartamento era la vivienda de Jesús Montané y Melba Hernández, combatientes del Moncada y destacados fundadores de ese movimiento. Junto a Fidel y José Antonio se encontraba René Anillo, también miembro del ejecutivo del Directorio, [...]

»[...] después de analizar la situación cubana [...] se centró la conversación en el análisis de la potencialidad revolucionaria del movimiento estudiantil como sector de masas, así como en el plazo establecido en el compromiso del Movimiento 26 de Julio para el inicio de la lucha armada. [...]»[7]

El 29 se firman los acuerdos entre el Movimiento y el Directorio. La declaración conjunta se conoce como la Carta de México. José Antonio partiría de inmediato hacia la Conferencia Internacional de Estudiantes, en Ceilán, y Anillo regresaría a La Habana, trayendo escondida en una media, una copia del documento.

JOSÉ ASSEF YARA, *EL MORO:*

Cuando José Antonio regresa se prepara un numeroso grupo de estudiantes que va a recibirlo al aeropuerto para evitar que lo detengan. Después, cuando pudimos conversar, con una fe extraordinaria, me dijo: Moro, de que viene, viene. El único escache posible es en alta mar. Y si

---

[7]JULIO A. GARCÍA OLIVERAS: *José Antonio Echeverría: La lucha estudiantil contra Batista*, p.294. En la citada edición aparece: «El jueves 30 de agosto[...]». Esta fecha fue rectificada por García Oliveras: «El jueves 28 de agosto[...]». Así aparece en este libro. (*N. del E.*)

llega, triunfa. Vamos a movernos rápido y empezar a crear un clima en La Habana, cosa de que podamos ayudar al desembarco de Fidel.

Corre octubre de 1956 y José Antonio tras regresar de México, efectúa varias reuniones. Con indicaciones precisas, orienta y apoya el plan de atentados a figuras prominentes del régimen. Se piensa enseguida en Esteban Ventura Novo, connotado asesino a las órdenes del general. Ventura, acompañado de sus guardaespaldas, frecuenta el céntrico cabaret Montmartre y el casino del Hotel Nacional, lugares donde bebe y apuesta grandes sumas. Ante la posible eventualidad de que el sicario no aparezca, otro representante de la tiranía será ajusticiado. Es común ver allí a Orlando Piedra y a Santiaguito Rey, jefe del Buró de Investigaciones y ministro de Gobernación, respectivamente.

La acción tiene un éxito rotundo. Cae abatido a balazos en Montmartre el coronel Antonio Blanco Rico, jefe del Servicio de Inteligencia Militar, uno de los cuerpos represivos más sangrientos del gobierno. Otros oficiales resultan heridos. Aprovechando la sorpresa, el comando puede evadirse rápidamente, sin dificultad.

Una implacable persecución se desata. A pocas horas de esta acción, el cuerpo policiaco recibe informaciones falsas de que Juan Pedro Carbó Serviá se encuentra asilado en la Embajada de Haití. Tras conferenciar con Batista, el brigadier Rafael Salas Cañizares, jefe de la Policía del régimen, decide invadir la sede diplomática. Con un amplio despliegue de fuerzas represivas Cañizares penetra en la embajada donde están refugiados diez revolucionarios, que son finalmente masacrados. Al traspasar la puerta, Cañizares cae herido por múltiples balazos que le dispara Secundino Martínez, quien ha conservado su arma.

Julio A. García Oliveras:

A fines de octubre, cuando José Antonio regresa, se acuerda el ajusticiamiento de un alto jefe militar, pero en realidad esa acción iba dirigida contra Ventura. Y por sustitución se ajustició al coronel Blanco Rico. Yo no sé si tú te acuerdas que ese hecho conmocionó a la ciudad y corría un dicho popular: "Que era mejor ser un negro pobre, que un blanco rico." Así, después, se planifican una serie de atentados. Otra

39

línea que trae José Antonio es la de unir fuerzas y buscar armas. Se piensa incluso en tomarles las armas a los auténticos, que sí tenían armamento escondido.

Bajo protección armada, el 23 de noviembre tiene lugar un acto político en la escalinata universitaria. Objetivo: denunciar la tiranía trujillista. Cuatro días después, la FEU convoca a una manifestación estudiantil por el aniversario del fusilamiento de los ocho estudiantes de Medicina. Ese mismo día, los dirigentes del Directorio reciben un telegrama de Fidel donde anuncia su partida de Tuxpán.

De inmediato quedan los hombres acuartelados, y en reunión sumaria, que se prolonga horas, analizan y discuten con qué se cuenta para apoyar el desembarco desde la capital. Wangüemert propone situar combatientes para llevar a cabo ataques por sorpresa y después retirarse. Julio, por su parte, da la idea de atrincherarse en la universidad. Surgen algunas discrepancias. Discuten, tratan de no quedarse con los brazos cruzados. Es difícil llegar a un acuerdo, muy difícil. Y en una reunión posterior que preside José Antonio, éste decide y sus palabras sorprenden a muchos.

JULIO A. GARCÍA OLIVERAS:

Al presentarse el anuncio del desembarco, nosotros teníamos a lo sumo cuarenta compañeros con sus correspondientes armas, entre armas cortas y largas, y fueron esos combatientes los que acuartelamos.

Para nosotros era impensable que Fidel llegara y no hiciéramos nada. Nos reunimos varias veces y discutíamos mucho, fuertemente. Wangüemert sostuvo la tesis de formar grupos y hacer ataques sorpresivos y después retirarnos. Yo era más idealista y propuse concentrarnos en la universidad, porque tenía hasta los planos de todo el recinto.

Hasta que se da la reunión con José Antonio, y es ahí donde él plantea que no está de acuerdo ni con la propuesta mía ni con la de Wangüemert. Y que él asume la responsabilidad histórica de esperar a que se creen las condiciones para actuar en La Habana.

Y eso un poco que nos sorprendió a todos, porque lo menos que esperamos era que José Antonio nos aplacara a nosotros. Y lo hizo con mucha autoridad histórica y con mucha lógica. Porque con cuarenta hombres armados casi nada o nada se podía hacer en una ciudad donde se agrupaban treinta mil miembros de la tiranía entre el ejército, la marina y la aviación. La lógica y la razón se impusieron. Nosotros acatamos esa decisión.

JOSÉ ASSEF YARA, *EL MORO:*
Cuando se produce el desembarco, muy poco pudimos hacer. No contábamos con los hombres y las armas suficientes, capaces de llevar a efecto un hecho de gran envergadura en La Habana. Antes sí se creó el clima de violencia en la capital cuando se ajusticia, bajo un comando dirigido por Juan Pedro Carbó Serviá, al coronel Blanco Rico, jefe del SIM, y veinticuatro horas más tarde, al asesino Salas Cañizares. Es decir, prácticamente en cuarenta y ocho horas la tiranía pierde a dos jefes mililtares. Lógicamente esto hizo recrudecer la persecución, sobre todo en la figura de José Antonio. Porque todos sabían que esas acciones eran guiadas y dirigidas por él. En ese momento pasamos a la clandestinidad absoluta.

"Obra pedida agotada (punto) Editorial Divulgación."[8] *El telegrama es preciso, claro. Una clave que anuncia la salida inminente de Fidel Castro desde las costas mexicanas. En respuesta, Frank País lleva a cabo el alzamiento en Santiago de Cuba como apoyo al desembarco. Las fuerzas revolucionarias despliegan sus efectivos y el levantamiento popular se produce. Unos cien hombres, armas en mano, toman la capital oriental, logrando mantener el control por varias horas. Las fuerzas del Ejército no se atreven ni a salir de los cuarteles. El pueblo se tira a la calle.*

La caída al agua de un tripulante, el mal tiempo, la sobrecarga de la nave y la rotura de uno de los motores, retrasan la llegada del "Gramma" a las costas cubanas.

FAURE CHOMÓN MEDIAVILLA:
1956 sería el año de la Guerra Necesaria que se iniciaría con el desembarco del "Granma". Se elevó la lucha de masas desde diciembre

---

[8]JULIO A. GARCÍA OLIVERAS: *José Antonio Echeverria: La lucha estudiantil contra Batista,* p.313.

41

de 1955 a diciembre de 1956 dentro del país, lidereada por José Antonio Echeverría, quien con el Directorio Revolucionario desplegó la táctica de la radicalización. Así se unían obreros y estudiantes en las acciones de calle y en las huelgas, desde el llamado paro de cinco minutos de la FEU hasta la huelga azucarera coordinada con el movimiento obrero. 1956 fue un año de violencia revolucionaria frente a la escalada de terror de la tiranía.

En respuesta el Directorio Revolucionario hace todo un plan militar para apoyar el desembarco del "Granma" en dos momentos: uno antes del desembarco que consistía en contribuir a fortalecer aún más el ambiente psicológico a favor de la Guerra Necesaria, para lo cual se planeó el ajusticiamiento de un alto personaje de la tiranía.

Después del levantamiento del 30 de noviembre en Santiago de Cuba y del desembarco el 2 de diciembre, organizamos y ejecutamos una serie de acciones importantes en La Habana para mantener viva la causa de la lucha armada, mientras se desarrollaban los acontecimientos del desembarco y se iniciaba la formación del ejército rebelde, con la guerra de guerrillas en plena Sierra Maestra.

En el mimeógrafo, instalado en el cuartel general del Directorio, en calle 6 entre 19 y 21, se prepara la primera tirada de Al Combate, *un boletín clandestino. El titulaje del artículo: "¡Fidel está vivo!" pone a titubear a la tiranía tras su anuncio oficial de que la situación en Santiago está dominada.*

Acuartelados en distintas casas, previamente alquiladas, aguarda un grupo de combatientes seleccionados, capaces de esgrimir el armamento disponible. Esta situación se mantiene en vista de los acontecimientos. José Antonio persiste en esperar y no lanzarse a una acción suicida e infructuosa.

Con una parte de las armas que aportarían Eduardo García Lavandero y Evelio Prieto Guillaume, decide el Directorio efectuar, el 24 de diciembre, una serie de acciones tendientes a opacar las tradicionales fiestas de Nochebuena, que se celebran en la capital. Resulta imposible pensar en festejos cuando los combatientes son perseguidos de forma encarnizada en la Sierra Maestra. El plan de agitación es acordado y comprende un simulacro de ataque a la Radio-Motorizada y al Buró de Investigaciones.

Faure Chomón Mediavilla:

«[...] creemos que podemos extraer algunas armas para el plan de Nochebuena del lugar en que están guardadas, pero en horas de la noche nos vemos precisados a suspender esta acción, pues se corre el peligro de que nuestro arsenal sea descubierto al extraer la parte de las armas que necesitábamos; así lo sugieren los compañeros que han estado vigilando todo el día los movimientos de la policía del dictador, y han observado muchos carros patrulleros en la zona donde están las armas, ya que cerca vivían altos funcionarios de la dictadura.[...]»[9]

Seis días después se realiza el rescate de un grupo de presos en el Castillo del Príncipe, una fuga, que por lo sensacional, queda registrada en la historia de la prisión. Los encartados: Abelardo Rodríguez Mederos, Daniel Martín Labrandero y Osvaldo Díaz Fuentes, aceptan el plan.

Presos políticos aprovechan el día en que ofrecen la función de cine. En ese momento toda la población penal se encuentra reunida fuera de las galeras, lo que les permite disponer de movimiento y de tiempo libre para ejecutar las acciones, sin la vigilancia que prima en ese tipo de institución.

Esa noche, Abelardo cuela un poco de café e invita a Daniel y a Osvaldo, listos ya para actuar. Con amabilidad, Abelardo ofrece café a los policías del "rastrillo",* y premeditadamente trata de pasar un jarrito por entre las rejas. Apresurado, uno de los gendarmes, saca la llave y abre la verja para agarrar el jarro lleno de café.

Abelardo lo encañona, mientras Daniel y Osvaldo se introducen en el cuerpo de guardia y amenazan a los sicarios.

Abelardo abre las rejas que dan acceso al exterior por la puerta principal, frente al reducto de la guarnición, donde un soldado sentado en un taburete y provisto de una ametralladora hace la guardia. Mientras, al borde de la meseta del Príncipe, en una garita, otro centinela vigila.

[9]Faure Chomón: *El ataque al Palacio Presidencial*, p.9.
* Rastrillo: compuerta enrejada en las prisiones y en los fuertes.

Daniel se une a Abelardo, y ambos, agazapados, observan la situación. Deciden lanzarle una granada al guardián, la que al no explotar, lo pone sobre aviso. Entonces, sin alternativas ya, le disparan, y lo hieren mortalmente. Acto seguido, lanzan otra granada al centinela de la garita, que tampoco explota. Sin titubear, vuelven a disparar.

Los dos corren por la ladera. Osvaldo, que ha quedado encañonando a los guardianes en el interior, cuando va a unirse a sus compañeros nota que las rejas están cerradas. Amenaza a los guardias revólver en mano y logra que se las abran.

Presurosos, los soldados acuden a la puerta, en la pequeña explanada. Osvaldo les lanza una granada y corre veloz hacia la garita, garita que a su vez es tiroteada por el comando de apoyo apostado fuera del Príncipe.

Antes de alcanzar la calle, encuentra a Daniel Martín Labrandero, tirado en la falda del Castillo, con la columna vertical fracturada, debido al impacto que sufre su cuerpo, de gran sobrepeso, al saltar por sobre la escalera.

Osvaldo lo auxilia, lo arrastra un largo tramo, intenta llevarlo hacia la calle en busca de auxilio. Sabe que no puede seguir con él en esas condiciones so pena de morir ambos acribillados a balazos. Daniel, que no puede mantenerse sentado, ni moverse, le ruega que se vaya, que trate de salvarse, pues de quedarse lo matarían a él también. Osvaldo tiene que dejarlo atrás. Daniel Martín Labrandero es asesinado esa misma noche.

Por separado, bajo una persecución implacable, Abelardo y Osvaldo, se alejan de la prisión protegidos por las sombras de la noche.

La prensa de la época recoge el hecho:

REVISTA *Carteles*, 13 de enero de 1957

Violencia—

[...] La semana se inició con una intensa balacera en las faldas del Castillo del Príncipe. En este suceso, que se originó por una fuga de presos de la Cárcel de La Habana, según lo reportado oficialmente, perdieron la vida Daniel Martín Labrandero, que cumplía una condena por terrorismo y la señora Julia Pérez López, que había ido de visita al penal y que no tenía ningúna vinculación con los organizadores de la fuga.

Lograron escapar Osvaldo Díaz Puente, de 27 años, vecino de Cristina 358 y Abelardo Rodríguez Mederos, de 33 años, de Carballo sin número en San Francisco de Paula.

De acuerdo con las declaraciones hechas a la prensa por el teniente Santiago Suárez González, oficial de guardia de la prisión, la noche del domingo, alrededor de las ocho, cuando se brindaba a la población penal una exhibición cinematográfica, los reclusos Martín Labrandero y Díaz Puente se encaminaron hacia el lugar donde él se encontraba, justamente frente a la puerta que da acceso a una de las rejas e salida y donde se hallaba, en el local del locutor, el sancionado Rodríguez Mederos. Al ver a los dos presos en ese sitio, se extrañó, por lo que les preguntó respecto de su presencia allí. Los sancionados dijeron que habían sido invitados a tomar café por Rodríguez Mederos, quien ratificó lo dicho. Una vez dentro, añadió el teniente Suárez González, los reclusos se armaron de un revólver y una pistola. A la salida, uno de ellos lo encañonó con una pistola y lo conminó a guardar silencio. Al principio creyó que se trataba de una broma, pero luego comprobó que era un asunto muy serio. De donde se hallaban se dirigieron hacia la puerta de acceso a una de las rejas interiores y se aproximaron al escolta que la cuidaba, apuntándole con una de las armas, mientras que otro de ellos lo desarmaba y se apropiaba de su revólver.

El sargento Alejandro Nodarse, que cuidaba la puerta principal, manifestó que tres individuos, uno de ellos con un revólver y una pistola en la mano, al que identificó como Martín Labrandero, se le acercaron. Labrandero lo amenazó con darle muerte, mientras los otros dos abrían la reja. Después de atravesar el puente, emprendieron veloz carrera hacia la escalinata.

Según la versión de varios militares, los prófugos, en su huida, entablaron un nutrido tiroteo contra el personal del penal. Uno de los disparos se incrustó en una puerta que da al dormitorio de la guarnición militar.

De inmediato, al darse la alarma y percatarse los escoltas y militares de lo que estaba ocurriendo y en vista de que los prófugos descendían por la escalera que conduce a la calle de Zapata, comunicaron a la policía de la Novena Estación lo que estaba ocurriendo. Posteriormente se entabló otro nutrido tiroteo entre los evadidos y los agentes del orden con el resultado anteriormente expresado.

Osvaldo Díaz Fuentes,* se hallaba extinguiendo sanción de tres años en la causa 318 del año 1956, en la que fué condenado por el Tribunal de Urgencia. Había ingresado el 9 de agosto del propio año y aparecía señalado por la policía como participante en un frustrado atentado contra el Presidente de la República. También estaba involucrado en las ocupaciones de

*En este mismo reportaje aparece Osvaldo Díaz Puente. Evidentemente es un error. El apellido, en cuestión, es Fuentes. *(N. del E.)*

armas de Santa Marta y Lindero y Ayestarán.

Abelardo Rodríguez Mederos, cumplía condena de dos años por hurto. Las autoridades los señalaban como el individuo que se dedicaba a robar autos para vendérselos a los revolucionarios a fin de realizar atentados.

Martín Labrandero, estaba cumpliendo sanción de varios años por haber colocado, según se dijo una bomba en el Túnel de La Habana, que ocasionó daños de consideración. Era conocido como elemento de acción en el campo insurreccional y peleó en la guerra civil española donde alcanzó el grado de coronel. Según las autoridades tenían la misión de repartir las armas a revolucionarios en la Plaza de Carlos Tercero cuando estallara el brote insurreccional en la provincia de La Habana. [...][10]

FAURE CHOMÓN MEDIAVILLA:

«Esta acción constaría de dos operaciones, exactamente igual que la del ataque al Palacio. Una, la ejecutarían los compañeros presos, apoderándose de la entrada principal de la prisión, por donde escaparían, y la otra sería una operación de apoyo, que desde la calle atacaría a balazos la guarnición del "Príncipe" neutralizándola, para que los compañeros fugados pudieran bajar hacia la calle sin peligro [...]

»Dos elementos fueron decisivos en el Príncipe y en Palacio: la audacia y la sorpresa. En ambos casos su resultado fue positivo. El mecanismo de las dos operaciones era el mismo, teniendo éxito en el Príncipe al funcionar perfectamente, pero fracasando en el Palacio al fallar la operación de apoyo.

»Daniel Martín Labrandero, ex-comandante de la guerra civil española, preso en el Príncipe, calificó de excelente el plan, siendo a partir de ese momento, junto a Abelardo y a Osvaldo Díaz Fuentes, su entusiasta propulsor.

»[...] El autor del plan para la fuga del Castillo del Príncipe fue nuestro compañero Abelardo Rodríguez Mederos, quien llevaba preso varios meses y que desde el primer día de su encierro comenzó a elaborarlo pacientemente. Coincidí en aquellos días con él en la prisión y no cesaba de repetirme que trataría de ganarse la confianza de las autoridades del penal, para así lograr se facilitara su propósito. Por fin, un día recibimos un aviso de que ya lo tenía todo listo, pidiéndonos, además, algunas armas. Por medio de un abogado le hicimos llegar una pistola 45, dos revólveres y seis granadas.[...]

[10]*Carteles*: 13 de enero de 1957, pp.22,23.

» [...] Una información minuciosa de las postas y sus movimientos dentro y fuera del Castillo, sería elemental. La discreción habría de ser absoluta para garantizar la sorpresa. Un buen "chequeo" y un libro con el señalamiento de las postas, que se consiguió sustrayéndolo del Cuerpo de Guardia, aportaron la información necesaria.[...]»[11]

Tras efectuarse la fuga de los compañeros retenidos en el Castillo del Príncipe, la dirección del Directorio aprueba otro plan para ajusticiar al coronel Esteban Ventura Novo, una de las figuras más odiadas al servicio de la satrapía gobernante. El lugar, frecuentemente visitado por el sicario, es la Clínica del Estudiante, situada en el Calixto García. Para ello, preparan un comando armado que entraría en el pabellón.

El atentado está señalado en horas tempranas de la mañana, allí esperan impacientes Julio y Mery. Una enfermera contactada previamente debe llamar al coronel. La mujer, de la cual se tienen serias sospechas por ser amiga de Ventura, se había comprometido a llamarlo por teléfono para que éste acudiera al hospital. Al ver la inmediatez del suceso, la enfermera vacila, teme, se retracta. Después de la acción la retirada sería a través de una pequeña puerta que daba acceso a la calle G. El ametrallamiento sería directo, para no dar tregua a la reacción. Impacientes, todos esperan, esperan hora tras hora, pero esa mañana Esteban Ventura no hace su aparición.

JULIO A. GARCÍA OLIVERAS:
Ventura fue un objetivo permanente para nosotros, porque era uno de los agentes represivos más sanguinario. Nosotros lo teníamos apostado. Hasta que recibimos información de que lo habían visto varias veces por la Clínica del Estudiante, a donde iba a registrar, a ver si encontraba algún revolucionario herido.

Esa información vino de una persona chivata de la policía, pero eso nosotros, en ese momento lo desconocíamos. Ella se ofrece para llamar a Ventura. Tempranito llegamos con una maleta cargada de armas y

---

[11]FAURE CHOMÓN: *El ataque al Palacio Presidencial*, pp.11,10.

después fuimos con Mery a resolver lo del candado de la calle G, por donde sería la retirada.

Esa mujer no hizo contacto con Ventura, pero tampoco nos denunció.

MARÍA DE LOS ÁNGELES PUMPIDO DE LA NUEZ, MERY:

Teníamos incluso un mapa del Calixto. El atentado se planifica allí, porque una de las enfermeras nos dice de su cierta relación con Ventura. Él era un gato, se cuidaba mucho, porque sabía que lo estaban cazando. Ventura era ajusticiable, porque había asesinado a mucha gente.

El plan era factible, pues atravesando la clínica se sale al pabellón Torralbas, donde existe una escalerita con un candado puesto, y por allí directo a G.

Yo misma sugerí que se debía entrar temprano al hospital, y la retirada hacerla a través de esa sala. Ese día, Faure, siempre muy previsor, insistió en que comprobáramos si el candado estaba zegueteado.

Julio y yo llegamos, yo tenía un traje sastre de fantasía, color verde, y en la chaqueta llevaba la zegueta, por si acaso no lo habían hecho. Efectivamente, no estaba picado y entonces Julio lo zegueteó.

La acción funcionaría a partir de que esta mujer le hiciera una llamada telefónica a Ventura, pero ella, o se acobardó, o simplemente no iba a colaborar de ningún modo. Cuando ella me vio llegar, se puso lívida. El atentado se había planificado para horas de la mañana. Ella quedó en llamar. Nos dijo que sí, que ella misma lo había llamado. Estuvimos esperando hasta las doce y media del día, pero Ventura no fue.

FAURE CHOMÓN MEDIAVILLA:

En la Clínica del Estudiante había una enfermera llamada Caridad Orta, que aparecía como revolucionaria, pero nosotros teníamos información de que había establecido relaciones con el esbirro. Nosotros alertamos, pues aparecía infiltrada en el Frente Cívico de Mujeres Martianas, instruimos a los compañeros que la contactaban de que se cuidaran de ella, aunque la manteníamos bajo observación.

Un día rompió aquel mutismo y me envió un mensaje que llegó primero a Mery, proponiéndome un atentado para ajusticiar a Ventura, sobre la base de una llamada por teléfono que ella le haría para que él viniera a la Clínica. Analicé la oferta, sopesando si quería reivindicarse entregando a Ventura porque sabía de nuestras sospechas sobre ella, o pretendía tendernos una trampa.

Yo preparé el plan, de manera, que aparentemente, había aceptado su propuesta de introducir dos compañeros armados con pistolas en una habitación contigua a la carpeta de la clínica, donde estaba la enfermera de guardia. Pero, en realidad, llevaríamos ocho compañeros de los más fogueados, armados de ametralladoras, los cuales introduciríamos por una ventana al final del pasillo: Wangüemert, Abelardo, Ubaldito, Briñas, Eduardo, Evelio, Carlos Gutiérrez Menoyo y yo.

En la mañana del día escogido mandé a situarse, desde las ocho horas, frente a la puerta de la Clínica a Reinaldo León Llera, para que observara todos los movimientos y me los reportara por teléfono. A las once de la mañana, le dí instrucciones de presentarse ante Caridad y comunicarle de mi parte que llamara a Ventura y lo citara para las doce. Así lo hizo. Caridad se sorprendió y se alteró descontroladamente. Le preguntaba continuamente a León Llera dónde yo estaba, y al contestarle éste que en un lugar en el hospital, ella comenzó a protestar muy nerviosa, y repetía una y otra vez que eso no era en lo que Faure había quedado con ella, y finalmente se negó a llamar a Ventura, reacción que nos convenció de que Caridad era una agente de Ventura.

No desistimos del atentado y cambié el plan: consistió en que cuatro compañeros armados de ametralladoras patrullaran con un automóvil el tramo de avenida que va desde el hospital Calixto García hasta Rancho Boyeros.

Mantuvimos esta operación hasta el mediodía, sin que apareciera el objetivo, por lo que a esa hora suspendimos esa acción. Posteriormente, sobre las tres de la tarde Ventura se presentó en el hospital a visitar a Caridad.

Finaliza 1956. Veintitrés jóvenes ultimados a balazos es el regalo de Navidad. En la mente de los hombres del Directorio se encuentra fija la idea de planear un golpe duro, que golpee arriba. El entusiasmo no decae. Saben que las acciones deben continuar. En la Sierra los expedicionarios han vuelto a reagruparse tras el revés de Alegría de Pío.

El 14 de diciembre la alta jefatura del ejército dictatorial levanta el cerco y da por aplastado el naciente movimiento revolucionario. Ordena entonces la evacuación gradual de sus tropas en el terreno de operaciones. Al día siguiente, informados de la situación y aprovechando esta circunstancia, cruzan la carretera de Pilón, y tras una jornada de once horas que les toma recorrer cuarenta kilómetros de lomas y potreros, Fidel, Faustino Pérez y Universo Sánchez, llegan a la finca de Ramón Mongo Pérez, en Purial de Vicana.

Días después se reagrupan los expedicionarios sobrevivientes, tras soportar incontables penurias. Nuevos combatientes se van sumando entonces a la reducida tropa rebelde, y el 25 de diciembre, armados ya de varios fusiles con miras telescópicas y dos subametralladoras, marchan montaña adentro. El 30 de diciembre, bajo la guía de Crescencio Pérez, suben la loma del Cilantro, para estar ya el primero de enero de 1957, situados en un lugar conocido como Caridad de Mota, en plena Sierra Maestra.

NO ES ÉPOCA DE BONANZA

1957

Una ola de muertes misteriosas se desata en Holguín y Santiago de Cuba. En La Habana impera la persecución, la incertidumbre, el acoso, el asesinato a mansalva. Nada detiene las bombas, los sabotajes y los u.entados dinamiteros. El 13 de enero, jóvenes armados intentan un fallido ajusticiamiento al comandante Jacinto Menocal, un testaferro que noche tras noche acostumbra visitar a su bella amante en el poblado de Bauta. Ese mismo día le hacen un atentado al coronel Orlando Piedra Nogueruelas, en Miramar, hecho que siembra el desconcierto entre las fuerzas del régimen.

A fines de ese mismo mes, hombres camuflageados con uniformes de fumigadores del Ministerio de Salubridad, penetran en el patio de la agencia Ambars Motors, donde se exhiben numerosos carros perseguidoras de último modelo, marca Oldsmobile, equipados con radio. Nadie los detiene. Nadie.

A mitad de mañana, bajo los asustados ojos de los custodios del lugar, que intentan detener la acción, los supuestos fumigadores comienzan a rociar gasolina y prenden fuego alrededor de los autos. Con velocidad increíble, realizado el sabotaje, el comando escapa sin dificultad y se mezcla en el infernal tráfico de la ciudad.

Desde el 15 de enero el régimen suspende las garantías constitucionales y establece la censura de prensa. La iniciativa no se concilia con la oleada de boletines oficiales que dan por sofocado el brote insurgente de la región oriental, mientras el gobierno alardea de tener un control absoluto del orden público.

JULIO A. GARCÍA OLIVERAS:
Ambars Motors responde al plan de acciones que aprueba el Directorio tras la llegada de Fidel.

Yo había trabajado como dibujante en el edificio del Colegio de Arquitectos, adjunto ahí en Humboldt, y me había quedado con la llave de una de las oficinas, local donde José Antonio se reunió varias veces con Castiñeiras, un oficial de la Marina. Por una de las ventanas vi los carros flamantes en exhibición.

Hablé con Faure. Primero se pensó en lanzar cocteles Molotov, pero después se fue a la acción directa. Es así como un comando entra al patio y encañona al guardajurado. Y le riega la gasolina sobre los autos, pero cuando cogieron fuego, el aparato aquel que era un equipo de fumigar se convirtió en un lanzallamas. En total se destruyeron cuatro carros y se afectaron casi diez. Todo se efectuó muy rápido, a eso de las once de la mañana, en una zona congestionada de público y tránsito.

17 de enero. Es madrugada, el frío intenso cala los cuerpos. Veintidós combatientes rebeldes avanzan para ocupar posiciones y atacar sorpresivamente el cuartel rural de La Plata, en la costa sur de Oriente. Situado allí, a raíz del desembarco del "Granma", tiene el objetivo de reforzar militarmente la zona.

La fuerza rebelde queda dividida en cuatro grupos, y después de acercarse a unos treinta metros de las posiciones enemigas, Fidel abre una ráfaga contra la posta de guardia.

Tras casi dos horas de fuego sostenido, infringen al enemigo dos muertos y cinco heridos, tres de ellos muy graves que fallecen después.

Sin lamentar bajas la guerrilla ocupa ocho fusiles Springfield, con mil cartuchos, y una subametralladora Thompson, además de un buen avituallamiento.

Con la derrota en La Plata, la tiranía tiene que reconocer la existencia del núcleo guerrillero y envía tropas frescas para perseguir a los rebeldes. Comienza así un nuevo plan con el fin de cercar la Sierra Maestra.

No obstante, la guerrilla va imponiéndose en una lucha desigual que trata de superar el poderío bélico del ejército. Moviéndose constantemente, Fidel y sus hombres van adquiriendo pleno dominio del terreno. Aprenden cómo aprovechar sus refugios naturales, aprenden a sobrevivir, y también a ganarse el respeto y el apoyo de los campesinos serranos, lo que cierra el posible paso de cualquier columna enemiga que intente entrar en la Sierra. donde abundan las emboscadas.

Julio A. García Oliveras:

En enero o febrero de 1957, no puedo precisar, se recibió un mensaje de Fidel, creo que es el primero que se recibe de la Sierra. La situación allí era sumamente difícil. En ese mensaje Fidel le comunica a José Antonio la conveniencia de acelerar las acciones en La Habana. Cuando se recibe, nosotros tenemos la premisa material. Ya se había hecho contacto con Eduardo García Lavandero y Evelio Prieto, quienes aportarían armas, que en gran parte fueron usadas en el asalto a Palacio.

La idea del asalto al Palacio Presidencial no es nueva. En diversas ocasiones, a partir incluso del mismo 10 de marzo, la ejecución del dictador se proyecta. La acción no resulta fácil y sí bastante compleja. Batista pasa la mayor parte de su tiempo en una residencia enclavada en el campamento militar de Columbia, rodeado por unidades militares. Otras, reside en Cuquine, una finca de recreo en las afueras de la capital. Sus visitas a Palacio se hacen sin ajustarse en tiempo, ni es programada de antemano.

Faure Chomón Mediavilla:

El plan del Directorio consistía en producir un hecho armado en la ciudad para atraer las fuerzas represivas, que serían emboscadas hasta aniquilarlas, y con el armamento ocupado continuar la lucha atacando y tomando otros objetivos militares para seguir armando las milicias hasta lograr un estado de rebelión popular. Al hacernos de una gran cantidad de armas que le confiscamos al ex presidente Carlos Prío, en nombre de la Revolución, nuestro plan armado podía comenzar con una acción importante: el ataque y la toma de una fortaleza militar que aportara un buen arsenal. Así llegamos a la conclusión de que la de más repercusión política y mejores posibilidades de asedio y penetración armada era el Palacio Presidencial. Recordamos que era un plan clásico en el arsenal táctico de la Revolución y nos agradó el poder ejecutarlo por su valor histórico. Julio Antonio Mella, Rubén Martínez Villena y

Antonio Guiteras lo habían pensado o lo habían tenido en sus planes. También nos satisfacía poder demostrar cómo se podía hacer recordando la bochornosa comedia priísta del 4 de agosto, que culminó con otra entrega de armas bajo la jefatura del corrompido ganster Eufemio Fernández Ortega, que pronunció ese día su famosa frase: "Prefiero un baño de m...vivo que un baño de rosas muerto."

Varias reuniones tienen lugar a partir del mes de enero en distintos lugares. Los ánimos están caldeados, la gente eufórica. En la segunda reunión celebrada en una casa situada en la barriada de Ayestarán, José Antonio y Menelao Mora se encuentran. En detalles analizan la operación. No hay discusiones, sino entendimiento. Los dos ansían dar el golpe de gracia. Poner a los hombres en acción y sumar al pueblo.

María de los Ángeles Pumpido de la Nuez, Mery:

Peligro (José L. Gómez Wangüemert) y yo alquilamos un apartamento, también en el Vedado, destinado a José Antonio. La dueña que era una española que vive cerca del mismo nos pide referencias y le damos al doctor Andrés Silva. En el apartamento de 21 viven ya Fructuoso, Osvaldito, Abelardo y Briñas. Días después nos mudamos para el apartamento no.32 de 21 no.1312. El apartamento que dejamos era en los altos de un policía de Batista, con cuya familia yo había entablado amistad, sobre todo con la hija mayor, que se llamaba Blasa María, y que mantenía relaciones con un esbirro. Yo hice relaciones con ellos y hasta iba a ver la televisión allí. La fachada que establecimos era tan buena, que incluso el policía nos sacó la chapa para la máquina que teníamos en ese momento.

Faure Chomón Mediavilla:

« [...] Para elaborar todo este plan que desencadenaría la acción revolucionaria en La Habana y acoplar sus fuerzas, comenzaron una serie de reuniones entre los dirigentes del DIRECTORIO REVOLUCIONARIO y el doctor Menelao Mora a partir de los primeros días del mes de enero de 1957. El contacto de Menelao con el Directorio lo era Carlos Gutiérrez Menoyo, a la vez que del Directorio con Menelao, nuestro compañero Eduardo García Lavandero. [...]

» [...] Por tanto concertamos la primera reunión con Menelao, a la que fui con Eduardo García Lavandero representando al Directorio, en una casa de la calle Valle en la zona universitaria. Allí departimos durante algunas horas sobre nuestros propósitos y forma en que podríamos llevarlos a vías de hechos. Decidimos tener una próxima entrevista.[...] En la barriada de Ayestarán volvimos a encontrarnos con Menelao, con la presencia esta vez de José Antonio Echeverría. Habló Menelao de la operación que pretendíamos con entusiasmo y fe indestructibles; José Antonio, del futuro, de nuestras preocupaciones por el gran destino que le correspondía a nuestra Patria, y que podía comenzar en el mismo momento de triunfar nuestro movimiento. En aquella reunión dos generaciones se hablaban. Una había sido tan portentosa que, a pesar de haber sido traicionada, aún quedaba en pie uno de sus hombres hablando por ella en aquel diálogo con la nueva generación que señalaba rutas a seguir mientras enjuiciaba severamente el pasado claudicante. De todas las reuniones que precedieron al 13 de marzo, fue ésta la de más profunda significación.[...]»[12]

El martes 26 de febrero finaliza la censura de prensa. Cuba ante la Sociedad Interamericana de Prensa (SIP), en Nueva York, denuncia el yugo impuesto a la libertad de expresión.

Aparece en el New York Times *una serie de artículos del periodista Herbert L. Mathews. Bajo el título* "Radiografía de la situación cubana" *se informan los acontecimientos que a diario estremecen al país:*

Saboteadores desconocidos

El pueblo desconoce la identidad de los saboteadores pues la Policía sólo logra apresar pequeños grupos en La Habana. Como desesperada represalia, la Policía mata a alguien cada vez que una bomba estalla en la capital: aparece un cadáver balaceado, una bomba en las manos de la víctima y los periódicos plagados de fotografías. El macabro procedimiento es irónicamente llamado por los habaneros como "los anuncios clasificados de Batista".[...][13]

Circulan rumores desalentadores. La gente perseguida parece impotente frente al terror.

[12] FAURE CHOMÓN: *El ataque al Palacio Presidencial*, p.16.
[13] *Bohemia*: 10 de marzo de 1957, p.54.

El ejecutivo nacional del Directorio cita esta vez a una reunión urgente donde el plan es analizado en detalle.

Tres operaciones fundamentales iniciarían la acción: el asalto a Palacio, integrado por un comando de cincuenta hombres bien armados, una operación de apoyo en que participarían más de cien hombres, y una tercera y simultánea, de gran importancia política: la toma de Radio Reloj, cuyo fin sería difundir la noticia de la muerte de Batista y arengar al pueblo. Este comando, tras realizar la operación, ocuparía posiciones en la universidad, donde quedaría instalado el cuartel general. Para evitar posibles delaciones o filtraciones, se acuerda llamar a Palacio "la casa de los tres kilos".

FAURE CHOMÓN MEDIAVILLA:
«[...] El comando de 50 hombres iría con armas automáticas, la operación de apoyo contaría con unas diez ametralladoras calibre 30, unos diez rifles automáticos, una ametralladora calibre 50 que iría montada sobre el eje de un camión, pudiendo girar en redondo, y el resto de las armas serían fusiles cuyo objetivo principal habría de ser el de defender el equipo pesado. Se acordó llamar a Palacio "la casa de los tres kilos". Al dársele este nombre a la operación, se evitaba que, de haber alguna filtración por alguna conversación, alguien se percatara de lo que en realidad se trataba.[...]»[14]

El plan se analiza ampliamente. El inicio de la operación comando comenzaría por la puerta de Palacio que da frente al parque Zayas, es decir, lo que se conoce como el ala sur, único lugar que admite abrir una brecha hacia su interior. La verja, constantemente abierta, por la entrada asidua de visitantes, resulta el clásico Talón de Aquiles de la fortaleza. La protege un soldado armado de ametralladora, presto a cerrarla ante cualquier eventualidad. Esta acción inicial recae en Carlos Gutiérrez Menoyo, un hombre de gran experiencia por haber luchado en la Segunda Guerra Mundial. Nadie podría disparar hasta que el propio Carlos abriera fuego sobre su objetivo.

---

[14]FAURE CHOMÓN: *El ataque al Palacio Presidencial*, p.19.

Faure Chomón Mediavilla:

El ataque a Palacio tuvo posibilidades de éxito como lo demuestra el propio desarrollo del plan cuando se llevó a la práctica. Todo lo previsto se ejecutó cronométricamente. Pocas acciones comando como la de este tipo se cumplen casi al ciento por ciento de lo planeado. Se logró penetrar en el edificio con exactitud, y se tomaron dos pisos: la planta baja y el segundo piso, y sus defensores comenzaron a reorganizar su defensa en el tercero. De no haber fallado los jefes de la segunda operación de cobertura, el Palacio se hubiera tomado y habríamos tenido menos bajas, pues nuestros heridos fueron asesinados al terminar la lucha.

Juan Gualberto Valdés Huergo, *Berto*:

Yo pertenecía a una célula del 26 de Julio, y estaba trabajando en una fábrica de mariscos, cuando un día se me acerca Pedro Ortiz, *Perico* para hablarme de una acción de envergadura. No me dijo más. Yo acepté. Ya yo había participado en algunos sabotajes, dándole candela a casas de tabaco y lanzando fósforo vivo. Me pidió buscara unos cuantos hombres de confianza, dispuestos a luchar. Entonces, hablé con Pedro Téllez, Celestino Pacheco y Enrique Echevarría. Fuimos a casa de Juan María Izquierdo en la misma ciudad de Pinar del Río, donde hicimos muchas reuniones con el grupo que participó en Palacio. Nosotros le llamábamos la Casa de la Verdad, porque allí se hizo todo, todos los preparos. Y con Izquierdo vine para La Habana, a una reunión en un restorán que estaba detrás de la Terminal de Ómnibus, donde conocí a Faure y a García Oliveras. Allí se conversó, pero no se dijo nada, ni el lugar, ni la hora, ni lo que se iba a hacer, porque eso estaba en el mayor secreto.

La segunda operación de apoyo persigue dominar los edificios altos que rodean a Palacio, es decir, Bellas Artes, el Hotel Sevilla, la Asociación de Reporters, la fábrica de tabacos, en cuyos tejados quedarían emplazadas las ametralladoras calibre 30. Objetivos: barrer la azotea de Palacio donde se concentra la mayor parte de la guarnición palatina, y así evitar que el dictador huya hacia allí. A la vez, impedir que esta guarnición tome parte del combate en el interior del edificio. También serviría de refuerzo, como cobertura de fuego, para poder sacar los heridos y permitir la entrada de apoyo en armas y hombres. Está previsto que el camión, con la calibre 50 ocupe una posición que le permita respaldar cualquier acción en desventaja, ante el posible ataque desde fuera para auxiliar a Batista.

FAURE CHOMÓN MEDIAVILLA:
«[...] El jefe del comando que asaltaría el Palacio lo sería Carlos Gutiérrez Menoyo, yo actuaría como segundo jefe del mismo, Ignacio González sería el jefe de la operación de apoyo.

»Discutido y aprobado el plan, hicimos la observación de que la información que se tenía hasta ese momento era muy pobre, y ésta la considerábamos fundamental en este tipo de operación. Era necesario tener una información, si no exacta, por lo menos aproximada sobre la cantidad de hombres que formaban la guardia de Palacio, sistema de defensa del mismo, comunicación interior del edificio, planos, fotografías, etc. Menelao prometió conseguir más información [...] La presencia de Batista en Palacio la obtendríamos por medio de un "chequeo" que se le haría al mismo y que estuvo bajo la responsabilidad de Armando Pérez Pintó.»[15]

El comando lo integran hombres dispuestos a morir. A José Antonio hay que convencerlo para que vaya a Radio Reloj. Insiste en formar parte del comando Palacio e ir en primera línea. Son varias las conversaciones que se tienen con el Gordo, quien insistentemente no quiere dar su brazo a torcer. Pero, ante las razones y la importancia política de la acción Reloj, accede en contra de su voluntad.

En cuanto a Palacio, la toma de la entrada por la calle Colón está prevista para los ocho hombres que llegarían en dos automóviles, mientras el resto de los combatientes se apean del camión.

Un primer grupo se encargaría de la planta baja, a su vez, Faure seguiría por las escaleras hacia el segundo piso, a cuya entrada se apostaría en espera de Carlos, quien con otro grupo se sumaría para continuar la batida en ese piso.

---

[15]FAURE CHOMÓN: *El ataque al Palacio Presidencial*, pp.20,21.

Faure Chomón Mediavilla:

«[...] El sistema consistía en que hubiera un grupo en cada planta combatiendo, mientras otro, que habíamos formado seleccionando a los hombres, estaría en constante movimiento tratando de localizar a Batista. La cuestión era acorralar al dictador. El grupo de la planta baja tendría también que volar una planta eléctrica que se hallaba entrando a la izquierda, de forma que los elevadores se paralizaran por falta de corriente y por tanto Batista, sus guardias personales y soldados de la guarnición [...] tendrían que moverse por las escaleras, pudiendo ser descubiertos más fácilmente [...] La pizarra telefónica debía ser volada también. Se contempló la posibilidad de que a pesar de que llegáramos al último piso, nos resultara imposible localizar a Batista, porque el mismo podía ganar la azotea a pesar del fuego intenso que tendría que haber de nuestra operación de apoyo sobre la misma. De producirse esta situación le daríamos fuego a Palacio, piso por piso, hasta la planta baja. [...] »[16]

Juan José Alfonso Zúñiga:

Carlos tiene una entrevista conmigo en el parque José Martí. Me pidió armamento, alrededor de mil tiros y una docena de fusiles calibre 30 y se los dí, con las latas llenas de balas para los fusiles. Yo me había hecho de un pequeño arsenal, nadie me las regaló. Como conspiraba contra Batista y tenía un camión de volteo, aprovechando el trasiego de mi mercancía, durante el día, trasladaba armas que estaban en determinadas casas guardadas. Cuando esa gente se iba para el exterior porque temían un registro, yo recogía las armas, pero nunca les dije para dónde las llevaba. Llegué a tener cuarenta granadas de mortero, fusiles y los fusiles antitanques que me entregó una mujer cuyo esposo era cónsul en Nueva Orléans. Llegué a tener miles de balas y fósforo vivo en latas, fósforo vivo que mandé envasados en pomos de Kresto, por correos para Camagüey, Oriente y Santa Clara, para darle candela a los cañaverales. De ese pequeño arsenal, le di lo que le hizo falta a Carlos.

Los planes revisados minuciosamente quedan aprobados. Faure propone que todos deben participar y combatir. También acuerdan invitar

---

[16]Faure Chomón: *El ataque al Palacio Presidencial*, p.23.

a los hombres del Movimiento 26 de Julio, y a algunos grupos indepen-
dientes.

El 20 de febrero, en una casa de la calle Hospital, chequean el trabajo
realizado. Cada cual informa. Se rechaza una oferta que proviene de
un sector de la Policía que conspira y trata de coordinar con los revo-
lucionarios.

Concluida la reunión, se fija la próxima para finales de ese mismo
mes. En el auto donde Menelao se retira va su hijo Alberto. Son inter-
ceptados por una perseguidora que intenta detenerlos. Alberto, salta
del carro, y discute con un agente, regresa al automóvil y le ordena al
chofer seguir a toda velocidad. Para su sorpresa, el chofer detiene el
carro en Zanja y Aramburu, y echa a correr, echa a correr dejando a
Menelao y Alberto enroscados con el policía que los vuelve a intercep-
tar. Pensando en el suceso que se avecina, Alberto le ordena al padre
que se vaya y se queda él fajado con el agente.

ENRIQUE RODRÍGUEZ LOECHES:
«[...] Unos días antes de producirse el ataque comando del 13 de
marzo ocurrió un hecho fortuito,[...], que tuvo a Menelao entre las redes de la policía durante unos minutos, en compañía de su hijo Alberto.
Éste, al tiempo que forcejeaba con los agentes policíacos, lo obligó a
marcharse. El revolucionario se sobrepuso al padre, y abandonando al
hijo se fue a cumplir con su Patria. Que era la muerte.[...]»[17]

A finales de febrero analizan otra vez los detalles de la operación. La
posibilidad del ataque depende ahora de la permanencia del dictador
en la mansión palatina. Cada quien responde a las preguntas e infor-
ma la marcha de su tarea específica: Armando Pérez Pintó, Menelao
Mora, Enrique Rodríguez Loeches, Carlos Gutiérrez Menoyo, Gerardo
Medina. Primero se piensa en el 10 de marzo, fecha en que el dictador
festeja el cuartelazo, pero esta idea se desecha rápidamente, por la
hora, y por tener noticias de que se celebraría una recepción en Pala-
cio, lo cual representaría el derramamiento de sangre de gente inde-
fensa y del cuerpo diplomático acreditado en Cuba, situación que no

---

[17]FAURE CHOMÓN: *El ataque al Palacio Presidencial*, p.117.

responde a los objetivos políticos del Directorio, ni está acorde con la condición humana de sus integrantes.

ARMANDO PÉREZ PINTÓ:

«[...] Se habían celebrado distintas reuniones y hubo una definitiva en la que se trazó el plan general [...]

»Mi misión era que cuando Batista estuviera en Palacio, avisar para que se produjera el ataque. Esta operación nos exigió meses de preparación. Casi todo el mes de febrero estuvo dedicado al constante chequeo de las entradas y salidas de Batista en Palacio.[...] Desde el día 28 de febrero teníamos instalado un sistema de chequeo que seguía a Batista desde que salía de Columbia hasta que llegaba a Palacio. Su máquina venía de Columbia, a toda velocidad, a coger Línea. Como se sabe estas máquinas de la comitiva no se detenían por nada.

»[...] nuestra primera posta estaba en la calle 42 y la Avenida... "General Batista", como le llamaban ellos. Otra en Malecón y Línea. Y una tercera en Malecón 163, donde había un teléfono que recibía las noticias del paso del carro por la Calle 42 y se comprobaba el tiempo que invertía en el recorrido. El tiempo era de unos pocos minutos, por la velocidad que se imprimía a los carros.

»Nosotros llegamos a saber con exactitud cuando venía Batista, porque invariablemente por lo menos cuatro carros del SIM hacían el siguiente recorrido: de Palacio al túnel, Línea, de vuelta a Palacio por Malecón y repetían el recorrido. También porque se situaba una perseguidora en el triángulo de "mucuritas", que está en Malecón y San Lázaro, junto al parque Maceo. Todo eso nos indicaba que Batista venía. Y nunca fallaba.

»Cuando Batista estaba en Palacio había siempre dos carros del SIM: uno situado al costado del Palacio de Bellas Artes y en Zulueta y Cárcel el otro, frente a la casa de Dionisio Velasco.(sic)[...][18]

Varios compañeros intervinieron en el chequeo, incluso un ex agente del Servicio Secreto de Palacio, quien facilitaba información del movimiento interno del edificio.

---

[18]*Carteles*: 15 de marzo de 1959, p.51.

El Centro de Dependientes funcionaba como centro de operaciones y el lugar donde se recibían todas las informaciones por teléfono y también personalmente.

Finaliza febrero. El chequeo del recorrido del dictador continúa minucioso y sistemático. No se le pierde pie ni pisada. Los hombres, alertas, no descansan y se relevan a la hora indicada. Una vez más la reunión se impone, esta vez en una casa de la calle Ánimas, en el mismo centro de la ciudad.

Las preocupaciones abundan. Se habla de una posible filtración por parte de elementos, con los que en un principio se pensó contar, y conocen del plan. Entre los acuerdos de aquel día queda bien claro la necesidad de establecer pistas falsas, para desinformar. Hacer creer que se atacaría al dictador en la barriada de Puentes Grandes o en la feria ganadera que se celebraba en Rancho Boyeros.

Al ataque se le estaban presentando inconvenientes que podían alterar, de alguna forma, los acontecimientos.

Se designa entonces una comisión militar integrada por Carlos Gutiérrez Menoyo, Armando Pérez y Faure Chomón.

FAURE CHOMÓN MEDIAVILLA:

«[...]Se dan continuas reuniones con José Antonio, de análisis de la situación y de los planes a ejecutar. Se le pide al Presidente de la FEU y Secretario General del Directorio más apertura para que se incorporen a la acción distintos grupos. Echeverría con su Estado Mayor aprueba unos y rechaza otros. Finalmente se detecta que se han infiltrado algunos sujetos de los no aprobados. Han de ser los responsables del fracaso, al final, del ataque al Palacio Presidencial el 13 de marzo.

»Sin embargo, resultó imposible sacar dichos elementos, por razones de seguridad. Cuando se llegó a la conclusión de que eran personajes de poca confianza, que de saberse separados serían capaces de delatar lo que sabían, José Antonio citó a una reunión a la Dirección Nacional para prever medidas de seguridad.[...] y así, en caso de tener éxito la operación revolucionaria, vigilar la conducta de esa gente, que de cometer delito, serían arrestados y juzgados severamente en la Universidad, donde radicaría el Estado Mayor.[...]»[19]

[19]*Granma*: 13 de marzo de 1987, p.2.

MANUEL JOSÉ GÓMEZ SARTORIO, *EL AMERICANO*:

En esa acción del 13 de marzo hubo muchas cosas importantes, pero la discreción que se tuvo fue extrema. A mí me hablaron de que se iba a efectuar algo grande, que estuviéramos localizados. Ya yo no vivía en Luyanó, pero me valí de una casa amiga, que yo frecuentaba, porque al cerrar la carpintería, Mario y yo nos pusimos a fabricar un desinfectante de pino, que lo producíamos, lo vendíamos y también lo distribuíamos. Entonces, ante la orden, no salimos más a vender, esperando. Pero pasaron semanas, varias semanas, antes de que me dieran la orden definitiva. Aquel día yo vestía un pantalón de gabardina carmelita, una camisa beige y un par de zapatos de dos tonos. Y así mismo me fui, porque a esa hora yo no podía decir que tenía que cambiarme de ropa.

Operativa y dinámicamente revisan los arsenales y se clasifica el parque; finalmente, las armas se empaquetan para ser distribuidas. Urgente es alquilar dos casas para acuartelar a los hombres del comando de asalto, momento éste en el cual escasean los fondos. Ante esta situación se decide usar el apartamento ubicado en 21 entre 22 y 24, en el Vedado, donde existe una enorme furnia que incomunica la calle e impide el tránsito de vehículos y de personas por frente al edificio, pero éste no resulta suficiente para el total de hombres por albergar, y entonces hay que alquilar otro, y se hace con los fondos personales que desinteresadamente proporciona Armando.

FAURE CHOMÓN MEDIAVILLA:

«[...] Había que alquilar urgentemente casas para "acuartelar" los hombres del comando de asalto y nos encontrábamos sin dinero. Resolvimos el problema al proponerle a Carlos utilizar un apartamento que tenía el Directorio en un edificio estratégicamente situado en la calle 21 entre 22 y 24 en el Vedado, donde hay una enorme furnia que incomunica la calle por lo que no había el más mínimo tránsito de vehículos o personas por frente a dicho edificio, facilitando esto nuestra labor. Aquello parecía un cuartel pintado para nosotros. Tuvimos que alquilar un departamento más en aquel lugar tan ideal, pero el dinero no acababa de aparecer y fue entonces que Armando Pérez Pintó, en un gesto de total desprendimiento que ya era característico en él, nos entregó el dinero de su sueldo de ese mes, haciendo posible que contáramos entonces con los apartamientos que necesitábamos para acuartelar en cada uno 25 hombres.[...]»[20]

JULIO A. GARCÍA OLIVERAS:

Se alquiló el apartamento de 19 y ocurre un hecho curioso que demuestra hasta qué punto es necesario el adiestramiento mental y saber fingir en la clandestinidad. Cuando yo voy a alquilar ese apartamento, voy a ver al dueño que vivía en 11 cerca de Línea y me presento como Julio de la Torre, un estudiante de arquitectura de último curso, que necesitaba el apartamento para estudio. Todo iba bien, pero a última hora, se presentó su señora, y cuando él me va a presentar, yo le doy la mano y le digo: Mucho gusto, Julio García Oliveras para servirle. Por suerte, era un par de viejitos y no se dieron cuenta de nada.

Tan importante como el acuartelamiento y las condiciones propicias, es también el acondicionamiento de los vehículos que intervienen en la operación. Ya hay dos camiones comprados a los cuales se les ha hecho un sinnúmero de adaptaciones para que soporten tanto el peso de los hombres como de las armas. La compra, la reparación y las adaptaciones se hacen veladamente, con personal de confianza. Cualquier fallo puede costar caro.

JUAN JOSÉ ALFONSO ZÚÑIGA:

Los recursos económicos ya estaban agotados. José Antonio con el prestigio que tenía, podía dirigirse a esos mismos políticos de origen auténtico, pero no quisieron, porque no querían verse comprometidos. La operación costaba mucho dinero, había que alquilar casas para guardar armas, darles una fachada de casa familiar y poner el acuartelamiento, porque aquí el chivatazo estaba a la orden del día.

Todo costaba y cuando se alquilaba había que pagar un mes de fondo y otro por adelantado, toda aquella cosa del capitalismo. Ellos no quisieron dirigirse a los políticos para no verse comprometidos con esos elementos de antemano, porque si triunfábamos, esa gente después iba a exigir prebendas.

[20]FAURE CHOMÓN: *El ataque al Palacio Presidencial*, p.31.

Marzo de 1957. Los vientos de Cuaresma empiezan a sentirse en la ciudad, calientes, impertinentes. A veces refresca en las madrugadas, pero a medida que avanza el día se abandonan los abrigos porque el calor sofoca.

Medidas y sanciones de todo tipo aplican los órganos represivos de la dictadura batistiana. Sin embargo, el control del orden público escapa de las manos de las autoridades y continúan los sabotajes y el terrorismo en campos y ciudades.

El día 2 el periódico Prensa Libre *destaca en sus titulares:*

ESTÁ PRÁCTICAMENTE NORMALIZADA LA ZONA DE OPERACIONES EN LA SIERRA MAESTRA, INFORMA UN BOLETÍN OFICIAL DEL EJÉRCITO

Afirman que en estos momentos la partida de Fidel Castro ha quedado reducida a menos de 20 hombres, dispersos y maltrechos, que rehuyen todo encuentro con las Fuerzas Armadas.-- Los guía Crescencio Pérez, añaden.[21]

Un día después, la noticia a toda plana en la revista Bohemia *despierta el interés público y hace evidente la lucha en la Sierra. Hasta sus más recónditos parajes ha llegado el periodista Herbert Mathews, quien, burlando el cerco y las carreteras atestadas de soldados, logra entrevistar a Fidel. La foto, que muestra al Comandante fumando un habano, testimonia la existencia del grupo guerrillero. Su buen estado físico es evidente. Días más tarde, otro fotorreportaje titulado "Fidel Castro y sus hombres", refleja estampas de la vida en las filas insurrectas.*

Sin dilación, el 5 de marzo, el Congreso aprueba suspender las garantías constitucionales por cuarenta y cinco días, con votación unánime por no encontrarse la oposición presente.

No obstante, ni la guía astrológica del mes, que nada bueno presagia, ni la celebración de la Gran Carrera de Cuba, a la que asiste Fulgencio Batista en persona y en la que corre Juan Manuel Fangio para competir ante cien mil espectadores, logran disociar las preocupaciones de la población, ni por supuesto refrescan el panorama nacional.

---

[21]*Prensa Libre*: 2 de marzo de 1957, p.1.

En la ciudad se ultiman los detalles para llevar a cabo el ataque a "la casa de los tres kilos".

A los apartamentos se van trasladando poco a poco los catres, las colchonetas y el avituallamiento, condiciones imprescindibles para albergar a los hombres. Deciden no acuartelar el comando que interviene en la operación de apoyo, en parte porque no hay espacio para tanto personal, ni medios para su sostenimiento. Deben estar localizables, en una especie de semi-acuartelamiento.

FAURE CHOMÓN MEDIAVILLA:

«La responsabilidad que se nos había fijado a Carlos y a mí estaba prácticamente terminada, faltando solamente mover las armas desde los arsenales. No perdimos el tiempo e iniciamos seguidamente este delicado trabajo. Todas las armas para las operaciones de palacio fueron llevadas a un punto desde donde se distribuirían para las respectivas operaciones. Ese lugar era el hotel Chateau Miramar, donde bajo el ojo vigilante de Ricardo Olmedo –que después traicionara la revolución– se fueron depositando hasta que salieran para los lugares del acuartelamiento. Las destinadas a los atacantes de Radio-Reloj que se hallaban en la calle 6, en el Vedado, fueron llevadas directamente desde la Loma de Chaple* por Briñas y Loeches. En aquel trasiego de armas sólo tuvimos un accidente que ocurrió al darle el alto un carro patrullero de la policía a los compañeros Castro Pillado y Alfonso que conducían dos rifles antitanques y algunos fusiles en un camión de la florería denominada "Fin de Siglo".[...] Castro Pillado salió herido en un pie, quedando imposibilitado de participar en el ataque a Palacio.[...]»[22]

ÁNGEL EROS SÁNCHEZ:

El asalto a Palacio se planeó varias veces, además de distintos atentados a personeros del régimen. Nosotros seguimos trabajando en Guanajay, yo era obrero de la textilera al igual que Pedro Esperón. Seguimos participando en acciones, por ejemplo, en el chequeo que se le hizo a Menocal, en Bauta.

---

*Al realizar la lectura y revisión de estos textos, Faure Chomón sustituye Reparto Los Pinos por Loma de Chaple. *(N. del E.)*
[22]FAURE CHOMÓN: *El ataque al Palacio Presidencial*, p.33.

A mí me avisan a Guanajay y recojo a Esperón en Bauta. Nos llamaron para acuartelarnos alrededor del 10 de marzo. Nos acuartelamos en un apartamento sito en la calle 21, no sé exactamente. Eran dos apartamentos, a nosotros nos tocó en el segundo piso, donde estaban Menoyo y Menelao Mora. En el de abajo, Faure con otros compañeros.

JUAN GUALBERTO VALDÉS HUERGO, *BERTO*:
Sobre el 9 de marzo Medinita llega a mi casa y me comunica que en esos días vamos para La Habana. Yo localizo a la gente, les aviso que tienen que estar localizados, que no se muevan de Pinar. Vinimos en dos carros. Éramos seis o siete. Fuimos directo al Vedado, para un apartamento donde estaban Menelao y Carlos Gutiérrez Menoyo.

OSVALDO ANTONIO CASTELL VALDÉS, *TONY*:
Nos acuartelaron en un apartamento de la calle 24. Eran dos apartamentos. Estuvimos allí unos días. A mí se me asignó como responsable de la disciplina interna, porque fue necesario tomar una serie de medidas, entre ellas hablar bajito, fumar uno solo, no ir seguido al baño. Eso era un edificio de apartamentos y el ruido podía levantar sospechas. Recuerdo que se tomó la decisión de ir en camisa al Palacio. Yo tenía un saco de corduroy, porque días antes había hecho frío. El saco se perdió, parece que lo dejé dentro del camión donde hacía mucho calor. Imagínate, un camión herméticamente cerrado.

Antes del 10 de marzo empiezan a llegar los hombres seleccionados. El chequeo de Batista sigue en pie y por la planta trasmisora que sintoniza la Estación de Policía, se conoce los lugares hacia donde se dirige el tirano. En cada apartamento se aplica un sistema disciplinario estricto. Hay colocados carteles donde se lee: Lea, no converse. Duerma. Camine descalzo. No fumen más de cinco a la vez.

En los dos apartamentos alquilados están reunidos: de Pinar del Río, Gerardo Medina Cardentey y un grupo; de Guanajay participan cinco, entre ellos, Ángel Eros, Eduardo Panizo, Evelio Prieto, Pedro Esperón y Adolfo Delgado. Un grupo de Luyanó, más parte del ejecutivo del Directorio, porque la otra se encuentra con José Antonio.

Los hombres están tensos. Nadie habla de la posibilidad de la muerte, pero en todos está presente. Se conversa mucho de todo, hasta de arte y literatura.

María de los Ángeles Pumpido de la Nuez, Mery:

Los preparativos se ultiman. A la radio que cogía la Estación de Policía se le adaptan unos audífonos, y se hace guardia, para poder detectar si algo se descubre. En el apartamento la vida está bien organizada, hay armas y unos obuses de mortero que Briñas había rescatado porque según él podían sernos de utilidad, les decíamos en broma "las lamparitas".

Incluso, Briñas pinta un pequeño cuadro que representa la cabeza de una mujer rubia, pero idealizada. Wangüemert discute y le dice que le faltan algunos detalles para modernizarla y acto seguido le imprime con los dedos otras formas para molestar a Briñas, que coge tremendo vértigo. Pero todo queda ahí, entre compañeros.

José Assef Yara, el Moro:

Contábamos con distintos apartamentos: uno en 27 entre 8 y 10, otros dos en el edificio de 21 esquina a 24 donde radicaba el cuartel general. En el número 8 vivíamos José Antonio, Fructuoso, Faure, Leoncito Llera, Osvaldito Díaz Fuentes, Abelardo Rodríguez Mederos y yo. Y en el de arriba vivían Menelao, Pepe Castellanos, Carlos Gutiérrez Menoyo, Luisito Goicoechea e Ignacio González. Teníamos también otro apartamento en 6 entre 19 y 21, y otro más en 19 entre C y B, que era un sótano. Más o menos dos semanas antes del 13 de marzo, José Antonio y yo pasamos a vivir solos al apartemento de 19. Nos llevó Faure y era la única visita que recibíamos en horas de la noche. Fructuoso pasó para el apartamento de la calle 6, y el cuartel general quedó en 21, donde estuvo el comando que salió hacia Palacio.

Todo el mundo sabe cómo era la forma de vida en un clandestinaje en La Habana, tan peligroso. Había muchas restricciones. Cocinábamos en el apartamento 8, y yo era el que subía el almuerzo y la comida a los compañeros del otro.

ARMANDO PÉREZ PINTÓ:

«Ya el domingo 10 de marzo, cuando se acuarteló a los muchachos –mientras en Columbia se festejaba el golpe traidor de 1952– la operación dependía sólo de mi llamada. Pusimos guardias constantes en las postas de chequeo y nos relevábamos para que ninguna de las guardias quedara abandonada.[...] Así estuvimos todo el lunes. Batista no fue a Palacio, ni de día ni de noche.[...]»[23]

JOSÉ ASSEF YARA, EL MORO:

En el sótano fueron terribles aquellos días de soledad. José Antonio era asmático y el asma no lo dejaba conciliar el sueño. El frío en aquel sótano era mortal para él. Poseíamos una sola cama. Él siempre quería darme la camita y yo, que él la cogiera. Acabamos por dormir los dos en el suelo, porque él no la cogía y yo mucho menos. En todo ese tiempo hicimos dos o tres salidas, siempre enmascarados, quiero decir, José Antonio con bigote y gorra como si fuera un guagüero. José Antonio se sentía molesto con él mismo. Su palabra empeñada de hacer una acción que coincidiera con el desembarco: eso lo atormentaba y tenía una preocupación grande. Porque son pocos los jóvenes que a esa edad, pensaran con esa proyección y.esa profundidad. Y un hombre de las condiciones de él, cuando empeña su palabra no es fácil convencerlo.

Muchas veces yo le aconsejaba: Gordo, tranquilízate, en cualquier momento podemos salir.

Entre los dos se estableció una hermandad. Conversamos mucho, incluso de cosas muy personales. Recuerdo que una vez, en altas horas de la noche, él me ve pensando y me pregunta: ¿En qué estás pensando? Y yo le respondo: En mis padres, chico. ¿Y tú?, le digo. Yo, en María Esperanza.

El lunes 11 los vientos de Cuaresma estremecen los penachos de las palmas y doblegan las arecas. El calor empieza a sofocar, sobre todo al mediodía, cuando la ciudad parece en reposo.

Ese día se impone el traslado de armas ocultas en San Miguel del Padrón, entre ellas, fusiles antitanque y otras que tomarían parte en el asalto.

[23]*Carteles*: 15 de marzo de 1959, p.68.

De pronto, un carro patrullero intercepta el camión y se inicia un fuer-
te tiroteo.

JUAN JOSÉ ALFONSO ZÚÑIGA:

El traslado de armas el 11 de marzo se hizo con Castro Pillado, yo no sabía a dónde las llevaban. Yo se las entregué en la calle Octava no. 68 donde yo vivía. Yo tenía eso debajo de la cama y del escaparate. Era una casita de madera con piso también de madera. Le entregué esas armas, incluso le dí una pistola con su peine y otro de repuesto, y le dije: Eso sí me lo tienes que devolver.

Lo noté nervioso y me le ofrezco para acompañarlo hasta cerca del Matadero, donde según él lo esperan unos compañeros.

Yo monto, no cojo ni arma, teniendo tres pistolas más. Cuando salimos a una callecita por el costado del colegio y doblamos a la derecha, se aparece de pronto una perseguidora y nos manda a arrimar a la derecha. Él me dice entonces que no va a parar y siguió a toda velocidad. Era un panelito todo cerrado como el que se utiliza ahora para el traslado del pan. Era un camioncito viejo, que tenía un rótulo de Fin de Siglo. Iba cargadito. Él aprieta el acelerador y cuando pasa el Matadero yo le digo: Mira, frena un poco que me voy a tirar con el carro andando. El camión tenía puertas de corredera. Sigue tú, le digo, y trata de virar para atrás, para confundirlos, que yo voy a tratar de avisar, a ver qué ayuda se te puede brindar.

Lo cierto es que aminoró un poco la marcha y se acercó a la acera. Yo me tiré del carro, corrí junto al carro. Inmediatamente frené y comencé a caminar en contra del camión y en dirección a la perseguidora. Yo no sé si la perseguidora se percató de mi acción, el caso es que le pasé por al lado y ésta siguió detrás del camioncito en dirección a Vía Blanca.

Allí, Castro Pillado se metió en contra del tráfico y volvió hacia atrás. Yo traté de ver a los compañeros con quienes se iba a encontrar en el Matadero, pero no encontré a nadie. Me alejé del lugar lo más rápidamente posible. Después del incidente cogí una ruta 12 en vuelta de Jacomino, y después una máquina de alquiler para tratar de establecer contacto con los dirigentes del Directorio. Me acuartelé en un apartamento de la calle 21, allí estuvimos el 11, el 12, durmiendo, y después fui en el Fast Delivery.

MANUEL JOSÉ GÓMEZ SARTORIO, *EL AMERICANO*:
Primero fui para Melones y Santa Felicia, de donde me recogió un carro y me llevaron para 21. Allí estuvimos unos tres días acuartelados. Se hablaba de todo, hasta de deportes. También de la acción. Todavía no se sabía cuál era la misión de cada quien, todos estábamos a la expectativa.

Estando allí, en horas de la madrugada, el compañero que está de radioescucha necesita ir al baño y me pide que me ponga los audífonos. Entonces, oigo que por la planta de la Policía están circulando el panelito que trasladaba armas por San Miguel del Padrón. Yo no me puedo controlar y se lo digo en voz alta. Algunos se despiertan y comenzamos a preocuparnos por la suerte de los dos compañeros.

A los apartamentos siguen llegando los hombres, quienes tienen que respetar la disciplina imperante. Carlos, con un plano en la mano, explica a cada cual su misión. Es la tarde del día 11. Todos comentan los pormenores del incidente de San Miguel del Padrón.

Ángel Eros escucha. A él le encomiendan entrar en la planta baja y tomar hacia la izquierda para volar la planta eléctrica. Dirigirse hacia la puerta del ala norte, la que da a Avenida de las Misiones, y encontrarse allí con el grupo que va a tomar por la derecha.

Son momentos muy tensos. La orientación general es de no exponerse al fuego de los pisos superiores, de correr y pegarse a la pared de entrada evitando caer herido.

ÁNGEL EROS SÁNCHEZ:
No sabíamos nada en concreto. Sí teníamos adiestramiento armado porque se había hecho mucha práctica de armas en la universidad. Estando acuartelados, comienzan a distribuirse las armas. Eran armas muy buenas, automáticas, ametralladoras Thompson, M1, pistolas y granadas.

Carlos sacó un plano, pero el que mejor conocía eso era Menelao, era el que explicaba sobre el plano, sobre todo a Carlos, jefe militar de la acción. Explicaba cómo iba a llevarse a cabo.

Carlos también nos explicaba y muchas veces subía Faure. Nosotros nunca habíamos entrado a Palacio. Menelao sí, por eso hacía referencia a distintos lugares sobre el plano.

Nosotros iríamos en el Fast Delivery y una vez allí, por la puerta de Colón, el propio Carlos era el primero que tenía que entrar con cuatro o cinco hombres más. Tenía que ametrallar la posta y subir por las escaleras que dan acceso al primer piso. El grueso del grupo debía ocupar la planta baja. El mío era el de la izquierda, y tenía que volar la planta eléctrica para detener los elevadores.

Las colchonetas sobre el piso amortiguan las pisadas. Las conversaciones se vuelven murmullos. Nadie osa alzar la voz. Todo el mundo espera en tensión. Cada quien ha recibido su arma, la orientación debida, expresa, pormenorizada. Es hora de definiciones, de tener una sangre fría a toda prueba, de llevar los pantalones bien puestos.

JUAN JOSÉ ALFONSO ZÚÑIGA:

El ataque era una acción tipo comando en que cada hombre, cada grupo tenía una misión por cumplir. Yo tenía que bajarme del camión. Lo primero era correr hacia el interior del Palacio, para no exponerme al fuego de los pisos superiores. Esa orientación general se le dio a todo el mundo. Mire, esos son momentos tan trascendentales en la vida de una persona, tan tensos, de agitación tan grande, que medio que uno se atolondra y se convierte en una máquina. Yo no considero que fuera una acción suicida, aunque estaba presente el riesgo de la muerte. El plan tenía muchas posibilidades de éxito.

OSVALDO ANTONIO CASTELL VALDÉS, *TONY:*

A mí se me dio la orden de tomar el parqueo donde estacionaban los carros oficiales, las escoltas, los visitantes. Aquello fue una acción comando que por el plan no debía durar más de diez minutos. Primero: romper las postas iniciales, tomar el parqueo, apoyar la entrada de los combatientes y agarrar a Batista. A la vez, sabíamos que Batista tenía una fuerte defensa en la parte superior de Palacio por contar con una guarnición. También existía el Ministerio de Defensa, al costado de Bellas Artes. Desde allí nos podían disparar, porque contaban con ametralladoras calibre 50 instaladas. Razón por la cual nosotros teníamos planificada la segunda operación de apoyo, que no funcionó. Y yo pienso que una de las causas del fracaso fue eso precisamente. Porque nos encontramos al descubierto, sin refuerzos de ningún tipo.

En los apartamentos reina el orden, la disciplina, el silencio. Amanece el martes 12. El chequeo se mantiene, riguroso, sistemático. También ayuda la escucha a la planta trasmisora, cuyo mensaje llega nítido, sin interferencias. Es un día tranquilo, de sol tibio, un suave brisote, que en algo refresca el incipiente verano, despeina al caminante por la Avenida de las Misiones.

A las cinco de la tarde se recibe el aviso de que Batista se pone en marcha, todo parece indicar que dirige sus pasos hacia la madriguera.

ARMANDO PÉREZ PINTÓ:
«[...] El martes 12 recibí el aviso de que se encontraba en marcha. Eran las cinco en punto de la tarde. Los esperamos. Yo personalmente lo esperé y lo vi entrar en Palacio. Su automóvil pasó a un metro de distancia mío. Enseguida situé convenientemente a los distintos compañeros para que me reportaran si volvía a salir mientras yo,[...] hacía llegar la noticia al Cuartel General.»[24]

En el apartamento de 21 se recibe el aviso. Son casi las seis de la tarde. Todos están esperando la orden de arrancada. Todos.

Carlos le pregunta a Faure: ¿Vamos?

Previsor, Faure le recuerda la hora que es, le alerta que la noche los sorprenderá, y que será un factor adverso, desconocedores del terreno donde van a combatir. El pueblo, además, a esa hora se mantiene ya en sus casas.

Carlos reflexiona y asiente. Y mentalmente se preparan para atacar a la mañana siguiente.

A los hombres en tensión se les da la orden de dormir con el aviso de que: mañana será el día.

---

[24]FAURE CHOMÓN: *El ataque al Palacio Presidencial*, p.34.

Juan Gualberto Valdés Huergo, *Berto:*

Hubo varias alarmas falsas, quiero decir, que avisaban que sí y después que no. Porque todo dependía de que Batista permaneciera allí. Eso tampoco fue una acción de locos. Todo el mundo tenía una tarea específica. El grupo nuestro tenía su misión. Nos habían entregado una bomba hecha con cuatro o cinco cartuchos de dinamita para mantenernos en el segundo piso.

Ángel Eros Sánchez:

Cuando el aviso llega es un poco tarde, pero así y todo nos ordenan prepararnos. Carlos después nos dice que no, que no podemos salir, porque ya era muy tarde y nos íbamos a demorar una hora en llegar a Palacio, y que nos iba a coger la noche.

Carlos me dice: Eros, si nos coge la noche, nos vamos a matar unos a los otros, porque seguro cortan la luz. Vamos a dejarlo para mañana. Y se vuelve a ir.

Amado Silveriño Carnero:

Yo no estuve acuartelado, pero sí bien localizado en la ruta tres donde trabajaba. El día anterior me situaron frente a La Benéfica, en un barcito que si mal no recuerdo se llamaba Galicia. Allí estuve casi todo el día, porque el camión que tenía que manejar estaba guardado en un garaje en Vía Blanca y Agua Dulce, el garaje de Manolo Pereda.

A ese carro se le pusieron gomas nuevas, se le reparó y afinó el motor. Yo estuve allí el día antes, porque eso no se sabía exactamente cuándo iba a producirse. Se esperaba la oportunidad de que Batista estuviera en Palacio. Yo sí sabía que iba a manejar ese camión. Como yo era guagüero y tenía experiencia con el timón, siempre trataron de que fuera yo el que cogiera el carro, porque Menelao tenía confianza en mí, sabía que yo manejaba bien y que no iba a tener problemas.

¿Miedo? No. Ninguno. Desde el primer momento Ernesto Morales, que era mi contacto, no me engañó, él me habló claro.

Cuando aquello yo tenía veinticinco años y a esa edad se le entra a eso con el pecho. Nosotros lo que queríamos era barrer con la dictadura, de eso no te quepan dudas.

Yo permanecí allí hasta una hora determinada, cuando se supo que ese día no se iba a producir el golpe.

Anochece, y la madrugada inesperada y algo calurosa, sorprende a muchos pensando, conversando sobre mil cosas. También sobre los últimos detalles del ataque.

La sala está atestada. Los hombres acostados en el piso duermen encima de sus colchas. Duermen algunos a pierna suelta y a veces son despertados, pues los ronquidos hacen cierto ruido y pueden llamar la atención.

En una esquina hay un compañero de turno con los audífonos pegados. La radiomaleta abierta sobre una silla, la tapa recostada al espaldar. El chequeador, sentado, apunta todo cuanto escucha, haciendo constar en un cuaderno la hora. De vez en cuando la conversación queda interrumpida para comunicar algún movimiento de interés. A todas luces, Batista sigue en Palacio.

El chequeo se mantiene durante toda la noche, es la única manera de comprobar si el tirano permanece en su madriguera. Todo parece indicar que sí.

MANUEL JOSÉ GÓMEZ SARTORIO, EL AMERICANO:

Empiezan a contar a los hombres, pero no me ven. Yo me había quedado dormido detrás de unos catres donde estaban sentados Machadito, Carbó y Tony Castell. Había ido a pedir un cigarro porque con el apuro me había acuartelado sin cigarros, cuando aquello yo fumaba cigarros rubios. Después que me fumé el cigarro, me recosté y me quedé dormido. Cuando hacen el recuento, no me ven. No aparecía yo. En eso me despierto y me preguntan que dónde yo estaba metido. Después me entregaron las armas, el parque. Menelao, Carlos y Faure, sobre un plano encima de una mesa, explican en detalles la operación. Nos dieron la misión de coger por el ala izquierda de la planta baja, otros tomarían por la derecha.

HUMBERTO CASTELLÓ ALDANÁS:

Estuve poco tiempo acuartelado, porque me mantuve ejerciendo como médico. Era lo convenido. Conocía los dos apartamentos, pues junto con Enriquito los abastecíamos de comida, de medicinas, y también servimos de enlace para cualquier comunicación. Me movía mucho con un Chevrolet de mi propiedad, del año 50, color verde metálico. Recuerdo esa noche. Todo el mundo aparentaba una gran calma. De la acción en sí no se hablaba, más bien cada cual contaba alguna anécdota, chistes, palabras que disipaban en parte la tensión. Sabíamos bien a lo que íbamos. El ataque no fue un hecho improvisado, fue una acción organizada, y si no perfecta, fue casi perfecta. Militarmente era un buen plan. Yo voy a manejar la máquina de la vanguardia, José Antonio va en el centro. Mi carro particular lo dejé parqueado en una clínica y mantuve la llave encima. Siempre tuve una gran intuición y guardé una posible salida por si fallaba algo.

Antonio Guevara Fournier:
Me llamaron y me seleccionaron. Ya yo estaba en la clandestinidad. Ellos sabían, tanto José Antonio como Fructuoso, sabían donde yo paraba, en la casa de huéspedes de Delia Coro, una mujer que me ayudó muchísimo porque yo no tenía ni con qué comer. Allí tuvimos varias reuniones. Un día me fueron a buscar y me dijeron que se estaba preparando algo grande. Que se iba a producir un hecho de envergadura. Fui para un lugar, un apartamento en el Vedado, cerca de una clínica que se llamaba el Corazón de Jesús.

A mí me tocó ir en la tercera máquina, en la acción de Reloj.

Jesús Soto Díaz:
Pedro Esperón vino a Bauta y me lo plantea, que si quería participar en una gran acción. Él me facilita una entrevista con Evelio Prieto Guillaume. Se acordó que nuestro grupo participaría, pero no directamente en el primer grupo, sino como apoyo, con otros objetivos, objetivos que nunca conocí.

Fuimos acuartelados en el hotel Bruzón. Nos acuartelamos el día 10 y estuvimos allí hasta el 13 en horas de la noche, en que tuve que disolver el grupo. Allí no teníamos armas, nos habían dado dos habitaciones para trece compañeros. Todos eran hombres del Movimiento 26 de Julio, en su mayoría de Bauta y Punta Brava. Que considerábamos eran los más arriesgados y adecuados para este tipo de acción.

Nos acuartelamos ignorantes de cómo sería la participación nuestra. Sólo estar allí hasta que nos avisaran.

AMANECE EL MIÉRCOLES 13

El sol tarda en salir. La luna, esa noche en cuarto creciente, aún se divisa desdibujada entre nubes. Un ligero brisote, característico de la Cuaresma, refresca la mañana. Según el calendario católico hoy celebran santos Leandro, Ramiro, Salomón y Santa Modesta, virgen. Para los estudiosos de la Historia de Cuba, un día como hoy Gómez y Maceo obtienen del Gobierno hondureño la concesión de tierras para el cultivo de tabaco.

Todo parece normal: nada indica la tragedia en ciernes. Las calles habaneras van llenándose de un público heterogéneo que, presuroso, acude al trabajo. No llama la atención el carro color mamey, que circula, ya entrada la mañana por los alrededores del Palacio Presidencial.

Extenuados por la tensión y las malas noches pasadas Faure y Wangüemert van en el auto. Se detienen para tomar café y despabilarse. Al pasar por uno de los costados de Palacio, observan varios carros del SIM, apostados en las calles laterales, mientras uno o dos más dan vueltas por los alrededores.

Detienen el carro en Bellas Artes. Wangüemert quiere echar un vistazo, mientras con su santa calma conversa con los custodios del edificio, tratando de sacar información.

FAURE CHOMÓN MEDIAVILLA:

«[...]Con la llegada de los primeros claros del día, decidí hacer un recorrido por los alrededores de Palacio en unión de Pepe Wangüemert. Estábamos muy cansados a causa de lo poco que habíamos dormido en los últimos días, por lo que hicimos una parada en la "plaza del Vedado", tomando café para espabilarnos un poco. En pocos minutos estábamos pasando por un costado del Palacio, pudiendo observar que había algunos carros del SIM apostados en las calles colindantes, mientras

77

uno o dos más daban vueltas continuamente por los alrededores. Nos detuvimos en el edificio de Bellas Artes, hacia donde se dirigio Wangüemert para echar un "vistazo", conversar con los policías que cuidaban al mismo y tratar de tomar alguna información de la indiscreción de éstos. Regresó Pepe, comunicándome que todo estaba normal y que el dictador no había abandonado su guarida.[...]»[25]

AMADO SILVERIÑO CARNERO:

El día 13 por la mañana yo fui a trabajar. Me fueron a buscar para ir a recoger el camión. En ese momento Ernesto Morales me informa dónde debo recoger el personal: en un sótano de un edificio, en la calle 21. Eso fue antes de la una de la tarde, porque yo recogí el carro y tuve que revisarle las gomas, en fin, revisar si funcionaba bien. Y echarlo a andar. Aunque estaba más que probado, había que echarlo a andar, caminarlo.

Por varias horas continuan dando vueltas. En una de ellas Faure llega hasta la casa de su madre. Siente la necesidad de verla. La abraza y la besa. Ella, a sabiendas, le va tocando el torso a través de la camisa, queriendo adivinar el arma oculta: ¿No vas armado?, le pregunta inquieta. Entonces, Faure le lleva la mano hacia atrás, hacia la espalda, de forma tal que ella la palpe: Fíjate, le dice serena, no te dejes coger vivo. Prefiero seas un combatiente muerto, que un muerto torturado. Un abrazo estrecho los une. Él la suelta, la tranquiliza, e inmediatamente se retira para seguir su recorrido alrededor del Palacio. De pronto, algo anormal llama la atención: unas barreras cierran el paso a cualquier vehículo que intente acercarse a la calle Colón. Inmediatamente, piensan que algo se ha filtrado, quizás, una posible delación.

Faure decide regresar y conversa con Carlos y Menelao. Horas más tarde, junto con Carlos, realiza otro recorrido, pero todo permanece igual. Este al ver el impedimento entona el fragmento de una guaracha en esos días muy popular: "Esto pinta mal..."

[25]FAURE CHOMÓN: *El ataque al Palacio Presidencial*, p.37.

Preocupados, vuelven al lugar del acuartelamiento, pero, alguien que dormía lo aclara todo: las barreras son colocadas para que el sueño del dictador no sea interrumplido por el ruido de los autobuses durante la madrugada y parte de la mañana. Lo aclara un combatiente que trabajó en una ruta de ómnibus de la zona.

No obstante, se decide que Armando mantenga la vigilancia del Palacio hasta última hora.

Faure Chomón Mediavilla:

«[...]Esa medida tomada por la guarnición de Palacio desbarataba nuestros planes, pues resultaba imposible realizar el ataque al no poder acercarnos en nuestros vehículos hasta la misma puerta del objetivo; además, ello era indicativo de que nuestro plan se había filtrado, poniendo en alerta al dictador. En consecuencia, cosas peores podíamos esperar en las próximas horas. Regresamos a Palacio, en compañía de Carlos para realizar una nueva inspección. Todo lo encontramos exactamente igual que como lo habíamos dejado. Allí estaban las barreras cerrando las calles;[...]»[26]

Armando Pérez Pintó:

«[...]Llegó el día 13. A las once se precisó con absoluta certeza que Batista estaba allí. Entonces, determinados realizar el ataque. Quedamos designados por Carlos Gutiérrez para mantener vigilancia constante sobre todo el movimiento que hubiera en Palacio, ante la posibilidad que hubiera habido una filtración del plan y de que los esperaran con una ametralladora abajo.[...]

»[...]la planificación de la operación, en lo que respecta al secreto absoluto, fue perfecta. No hubo filtraciones. La guarnición de Palacio permaneció ajena a todo y fue tomada por sorpresa.»[27]

Exactamente a las 11:00 a.m. retiran las barreras. Sin perder un segundo se da la orden para que los hombres estén listos. A cada uno se le entrega un arma con sus peines correspondientes y algún parque de

[26]Faure Chomón: *El ataque al Palacio Presidencial,* p.38.
[27]*Carteles:* 15 de marzo de 1959, p.68.

repuesto. El comando de asalto, formado por un grupo numeroso de combatientes, debe estar equipado, dispuesto también para entrar en acción.

Cada cual tiene las instrucciones precisas, explicadas anteriormente en detalles por el jefe de cada grupo.

El Fast Delivery se encuentra ya parqueado al lado del edificio, sus puertas traseras quedan frente a un pasillo lateral, hacia el cual desemboca una escalera auxiliar que pasa por las mismas puertas de los apartamentos alquilados.

A última hora dos hombres desertan y quedan retenidos en uno de los apartamentos, bajo la vigilancia de dos combatientes y uno que está herido.

FAURE CHOMÓN MEDIAVILLA:
«[...]Sin perder un minuto de tiempo dimos la orden de estar listos para iniciar la marcha sobre Palacio en cualquiera de las próximas horas. Cada hombre tomó su arma, los peines que le correspondían y algún parque de repuesto. Ya el comando de asalto, formado por una cincuentena de combatientes estaba en atención con sus armas (unas 25 Thompson, M-2 y M-3, y el resto carabinas M-1) perfectamente engrasadas y con una bala en el directo listas para hacer fuego.[...]

»Solamente tuvimos la deserción de dos hombres que se acobardaran a última hora, quedando retenidos en el apartamento donde estaba Menelao, bajo la vigilancia de Castro Pillado, que estaba herido, y de otros dos compañeros, Agustín Tejeda Pita y Fernando Izquierdo, que debían trasladar del lugar a Castro, una vez que hubiéramos partido hacia Palacio y no se hiciera necesario mantener retenidos a los desertores.[...]»[28]

ÁNGEL EROS SÁNCHEZ:
La estancia en el apartamento fue breve, como nos habían dicho. Había un compañero de Pinar que era el que cocinaba, lo poco que se cocinó. Había varios letreros en la pared que advertían no se podía hablar en voz alta, no fumar; ir al baño y dejar pasar un rato, porque en los

[28]FAURE CHOMÓN: *El ataque al Palacio Presidencial,* pp.39,41.

apartamentos de al lado vivían familias y no podíamos hacer bulla, ni que vieran a tanta gente.

No podíamos salir a la calle. Sentados en el suelo hablábamos bajito a veces, porque fueron horas y horas esperando, otros dormían. Había dos que se acobardaron de ir al asalto, porque ya todos hablábamos de eso.

Primero uno que se acobardó y se lo dijo a Carlos: que estaba muy nervioso, que lo iban a matar. Entonces, Menoyo le dijo: Mira, eso le pasa a cualquiera, es mejor que no vayas al asalto. Tú te vas a quedar, pero no hables con nadie. Pero él habló con otro y este otro también se acobardó.

Ahí mismo, Menoyo cogió un M1 y citó a todo el mundo y dijo: Yo no los mato a ustedes ahora mismo porque no puedo, por el ruido que voy a hacer, porque ustedes se merecen que los mate por traidores. Tú hablaste conmigo y te entendí, le dijo al primero, y te dije que te callaras la boca. Pero, no me hiciste caso y hablaste con otro, y si te dejo hablas con todo el mundo y cunde la alarma. Todos sabemos que esto es una operación suicida, que nos pueden matar a todos. O matamos a Batista, o nos matan a todos.

Julio García Oliveras, jefe de operaciones en las acciones de Reloj y la universidad, permanece con Faure hasta último momento. Ante la partida del comando debe reunirse con sus compañeros y pasados veinte minutos actuar sobre su objetivo.

Cada hombre conoce su misión y cada grupo el plan trazado. Exactamente a las dos de la tarde, Machadito recita unos versos apasionados, patrióticos, que corean enardecidos sus compañeros. Carlos sentencia: Vamos a un sacrificio que no tiene recompensa y en el que únicamente se puede encontrar la muerte. La frase la escuchan sin pestañear siquiera, sin mostrar vacilaciones. La contraseña, ya dentro de Palacio, es la palabra Directorio, bien conocida por todos.

Las últimas instrucciones que da Faure se escuchan claras:

[...] "que todos entren al edificio, nadie debe quedarse fuera, pues será blanco fácil de las balas disparadas desde la azotea y pisos superiores. Pegarse rápidamente a las paredes de Palacio y avanzar hacia la puerta en esa forma. Tener mucho cuidado con los compañeros que

avanzan delante, pues con un movimiento involuntario podemos dispa-
rar nuestras armas y herirlos. Cuando estén dentro del Palacio y ten-
gan que salir de alguna habitación, háganlo por la misma puerta que
entraron para evitar confusiones entre nosotros."[...][29]

Todo está dicho. Sólo queda bajar a la calle y subir a los carros, para
partir hacia la ansiada "casa de los tres kilos".

FAURE CHOMÓN MEDIAVILLA:

Tuvimos que hacer grandes esfuerzos para convencer a José Antonio de que únicamente a él le correspondía hablar por Radio Reloj al iniciarse la lucha, pues él quería participar directamente en los combates y hablar después.

José Antonio era el jefe militar de todo el levantamiento armado del 13 de marzo y el líder político máximo de aquel movimiento por ser presidente de la FEU y secretario general del Directorio Revolucionario. Por los combates librados al frente de dichas organizaciones contra la tiranía, disponía de un enorme prestigio ante el pueblo, y hablarle e informarle al pueblo era una operación fundamental para recibir el apoyo de la opinión pública. También para alertar y sumar a los futuros combatientes que se incorporarían, de tener éxito las primeras acciones armadas de aquella vanguardia. El pueblo quería y respetaba a José Antonio, por tanto era la voz más indicada para hablarle.

JULIO A. GARCÍA OLIVERAS:

En el apartamento de 19 estaban José Antonio y Assef, e iban frecuentemente Faure y Fructuoso, quien estaba en otro situado en la calle 6, entre 19 y 21. Era un apartamento absolutamente cerrado por razones de seguridad, y allí vivimos una tensión grande que precedió el ataque a Palacio. Hubo reuniones, intercambio, entrada de armas. En esos días prácticamente no dormimos. A la vez, teníamos una gran decisión y no exagero si afirmo que había un gran entusiasmo, porque al fin íbamos a cumplir la misión que se nos había encomendado. El mismo 13 de marzo salimos haciendo chistes y riéndonos, tú sabes como somos nosotros los cubanos. Puede parecer una cosa de película, pero así fue, porque todos sentíamos una gran satisfacción interior. Visto ahora a nivel de estos cuarenta años, yo mismo me pongo nervioso. Pero fue así.

[29]FAURE CHOMÓN: *El ataque a Palacio Presidencial*, p.43

María de los Ángeles Pumpido de la Nuez, Mery:

Yo estoy con ellos hasta tres días antes del asalto, en el apartamento donde funciona la célula central. A mí no me permiten ir, argumentan que debo quedar en la retaguardia para, si es necesario, identificar a los caídos y ayudar a los demás.

Yo, al principio, no entiendo, pero tengo que aceptar. No me queda otro remedio. Allí vivimos muchísimos días, venía Julio, venía el Gordo y también Wangüemert, al que cariñosamente todos le llamábamos *Peligro*, porque él era tremendo.

De allí partieron los dos comandos, y la gente que fue con Echeverría a Reloj salió del garaje de la calle 19. Julio se mantuvo de enlace entre uno y otro apartamento.

Los dos comandos: el de Reloj y el de Palacio, cumplieron su cometido; el otro no salió porque no dieron la orden. Nosotros no sabemos qué pasó.

Yo me voy cuando empieza a venir la gente que debía acuartelarse. Un día que José Antonio va por allí, sentados ambos en el comedor, yo le pregunto: Gordo, ¿tú crees que lo que vamos hacer dé resultados? Mira, Mery, yo creo que sí, por no decirte que estoy seguro, por la forma en que está organizado. Si triunfamos, desestabilizamos al régimen. Las acciones posteriores van hacer que las fuerzas del ejército vengan hacia La Habana, y con eso se puede generalizar la lucha en toda la Isla. Además, tú sabes que tenemos un compromiso con Fidel. Tú sabes que nos comprometimos a hacer una acción y no lo pudimos hacer por no contar con armas suficientes. Y ese compromiso hay que cumplirlo.

Estuvimos hablando mucho. Ese día hablamos mucho. Yo me quejé con él de que no me permitían ir a Palacio, y él me ratificó que yo era más útil en la ciudad, pues ocurriera lo que ocurriera, podía con mis contactos, con mis relaciones, podía volver a estrechar los lazos y reestructurar de nuevo el Directorio, si era necesario, dado mis conocimientos de todos los enlaces.

Entonces, él con su modestia innata, me contesta: Mery, no te quejes. Tú sabes bien que yo también quiero ir al ataque a Palacio, pero mi misión es Reloj.

Tuve que fundamentarle lo que todos ya le habían conversado, que tomando en cuenta sus aptitudes de líder, su voz, su fuerza en el llamado, era la persona indicada para arengar al pueblo.

CARLOS ALBERTO FIGUEREDO ROSALES, *EL CHINO*:

A mí me llama Joe el día antes y me dice: Tienes que ir a 25, cerca de la universidad. Te sientas en el sillón de limpiabotas a eso de las dos y treinta de la tarde, que te va a recoger una persona. Tú lo vas a conocer en cuanto lo veas. Lleva zapatos de hebilla y ropa dura. Ya con eso yo sabía la envergadura de la misión. Me recogió Enrique Rodríguez Loeches, a quien reconocí inmediatamente.

Fuimos al apartamento de 19, allí estaban José Antonio y Fructuoso. De ahí me llevaron para el otro apartamento donde había fusiles y una ametralladora. Me entregaron una pistola 45, porque la mía yo se la había entregado a Cheo Briñas. Es en ese momento que me dicen la misión, es decir, que yo iba a manejarle a José Antonio.

Es mediodía. El brisote con vientos del sur se mantiene, y aunque molestos, propician una temperatura fresca, agradable. En los apartamentos de 21 reina una calma aparente. Son casi las dos y media de la tarde. Con su color rojo fuerte el Fast Delivery se encuentra ya en posición de carga. Situado al lado mismo del camión, un combatiente está atento a cualquier anormalidad imprevista, mientras el chofer simula limpiar el parabrisas delantero.

A una señal, previamente coordinada para indicar que no hay problema alguno, ni moros en la costa, otro hombre apostado en el pasillo que da acceso a los dos apartamentos, avisa para que se proceda. Primero van bajando las armas, envueltas en las mismas colchonetas que han servido de cama a los hombres durante el breve acuartelamiento. Acto seguido, sin hacer el menor ruido posible, los combatientes salen por parejas, y ocupan sus puestos en el interior del camión.

AMADO SILVERIÑO CARNERO:

Llegué a 21 y estacioné el camión en posición de carga. Ellos fueron bajando poco a poco, con las colchonetas que tenían allá arriba, las que habían colocado en el piso, incluso, para no hacer ruido cuando andaban descalzos. Las armas eran ligeras: ametralladoras Thompson y carabinas M1. Uno de los últimos en bajar fue Menelao Mora.

Momentos antes, ya para salir, una de las gomas pierde aire. El carro era de doble goma atrás y perdió aire, pues parece que tenía alguna cámara porosa. Cuando se empezó a cargar, la goma bajó. Si mal no recuerdo, era la goma izquierda trasera.

Entonces, yo se lo planteo a Menelao. Él me pregunta: ¿Qué tú crees?

Yo le contesté: Yo llego, si los muchachos se me arriman para el otro lado, yo lo llevo.

Menelao tuvo confianza en mí y salimos, salimos sin problema ninguno.

FAURE CHOMÓN MEDIAVILLA:

La operación de cargar el camión se hizo en dos movimientos. En el primero se bajaron las armas en paquetes que formaban las colchonetas enrolladas, en las mismas en que se dormía, para evitar que se vieran por algún intruso que llegara al edificio, y de suceder, pensara se trataba de una mudada. Aunque el tramo en que podía ser vista la carga de una colchoneta enrollada era de dos o tres metros por la forma en que lo organizamos. Un hombre controlaba la salida de cada paquete de armas desde el interior del apartamento. Otro situado en la puerta como si estuviera tocando. Otro a mitad de la escalera de servicio, en el descanso. Y otro en el sótano, al lado de la puerta del camión. Cada vez que se despositaba un paquete de colchonetas en el camión, el hombre de abajo daba la señal, que reproducían los otros eslabones hasta que el del interior del apartamento la recibía y ordenaba bajar otro paquete. Igual se hizo con los hombres, de dos en dos. Todo se hizo muy rápido y en absoluto silencio. Nadie hablaba. No había ruido. Nadie que pudiera haber estado mirando podía ver movimientos. Era un mediodía tan aburrido como otro cualquiera para los que estaban ajenos a lo que estaba sucediendo. Nosotros observamos la goma ponchada en mitad del trayecto hacia Palacio cuando cubríamos la retaguardia.

ÁNGEL EROS SÁNCHEZ:

Dieron la orden de empezar a bajar sobre las dos de la tarde. En ese apartamento teníamos colchas para dormir en el suelo, colchas con las que envolvimos las armas, y bajamos de dos en dos, con cautela, sin hacer ruido, para no despertar sospechas de los vecinos del resto de los apartamentos. Había uno o dos de nosotros en la escalera, salían dos y cuando no encontraban a nadie, se metían dentro del camión, y al rato otros dos, mientras había dos vigilando en el área. El grueso del grupo íbamos en el camión, cerca de treinta o treinta y cinco hombres, cada uno con ametralladoras o M1. Nosotros cinco llevábamos pistolas y granadas, además de una ametralladora Thompson. Todos nosotros llevábamos Thompson.

Los apartamentos quedan desolados, con ropas regadas por doquier. Se ha acordado ir en mangas de camisa, una buena forma para identificarse en un lugar donde sus moradores y los invitados que lo frecuentan acostumbran a estar elegantemente vestidos. Sólo Evelio Prieto mantiene el traje puesto, pues se niega rotundamente a quitárselo.

Hasta ese instante, se conoce que todo está listo, todo, incluso el comando de apoyo y los enlaces.

Entretanto, Julio García Oliveras, presente allí hasta el último momento, al verlos partir en los automóviles, sale en dirección a 19 en busca de los compañeros que participarían en la operación Radio Reloj. Su reloj marca las tres en punto de la tarde.

JUAN JOSÉ ALFONSO ZÚÑIGA:

Todos sabían la contraseña, es decir, que todos los que íbamos a Palacio vestíamos en mangas de camisa, porque allí no había nadie vestido así. Desde los que barrían el piso hasta los cocineros, usaban cuello y corbata, porque Batista, por los complejos que tenía, se las daba de gran personaje. Y todos, desde los sirvientes hasta el más encumbrado personaje, tenían que vestir de cuello y corbata, o si no, usar un lacito.

La mejor contraseña fue ésa: ir en mangas de camisa. Nada más hubo uno que se quedó con el traje que llevaba puesto. Y fue Evelio Prieto Guillaume, que llevaba un traje de gabardina. Él mismo dijo que le tenían que agujerear la gabardina, y se la tuvo que quitar después por el calor que hacía dentro del camión.

FAURE CHOMÓN MEDIAVILLA:

«[...]Los apartamientos habían quedado desordenados y llenos de sombreros y sacos que se habían quitado los compañeros para que no les molestaran y porque, además, habíamos acordado llevar como uniforme el de "descamisados" que sería la mejor identificación en un lugar en que tanto sus moradores como los visitantes acostumbraban a vestir elegantemente. De todos nosotros sólo uno quiso ir de traje y fue el compañero Evelio Prieto Guillaume quien dijo que "no se quitaba su gabardina".

»Finalmente, bajamos hacia nuestros respectivos automóviles Carlos Gutiérrez, Pepe Castellanos, Luis Goicochea, Luis Almeida, Ubaldo Díaz Fuentes, Abelardo Rodríguez Mederos, Pepe Wangüemert y yo. Ya se había recibido el informe de Ignacio González diciéndonos que estaba listo,[...]»[30]

José Antonio espera ansioso. Ve llegar a Julio y presiente que la hora se acerca. Joe y Fructuoso, excitados, hasta haciendo chistes, salen con las armas en la mano. De inmediato dan la orden de arrancada y a las tres y diez minutos salen los tres carros. Humberto Castelló va manejando el primero donde viajan cinco hombres; le sigue el Chino Figueredo, en cuyo auto va José Antonio. Cerrando la caravana, en la retaguardia, va Juan Nuiry al volante y cuatro tripulantes más. El silencio es absoluto, comprometedor.

A velocidad moderada toman hacia B, doblan al llegar a 17 para seguir recto hasta M y doblar a la derecha hacia la CMQ. Todos van serenos, el arma escondida en posición, dispuesta para lo que sea.

A la universidad ha ido directamente Armando Hernández en el convertible de Carlos Figueredo, con la orden expresa de tomar las postas de la universidad e introducir el grueso de las armas por la puerta de la calle J.

CARLOS ALBERTO FIGUEREDO ROSALES, EL CHINO:

Me entregaron un Ford nuevo del 56 ó 57, no recuerdo bien. Y cuando lo arranqué, arañé la velocidad de tal forma, que Julio hizo un gesto como de que no le había gustado. Y yo tuve miedo que me quitaran la misión. Durante la mañana dieron varias alarmas falsas, hasta que llegó la hora, serían las dos y media de la tarde. Me dirigí hacia uno de los apartamentos y vi salir a Joe y a Fructuoso con las armas largas en la mano. En mi carro ya estaba sentado un muchacho detrás con una ametralladora Sten, inglesa.

[30]FAURE CHOMÓN: *El ataque al Palacio Presidencial*, p.44.

87

Julio A. García Oliveras:

«Lo primero que hice –nos dice Julio García– fue dirigirme a la calle "6" para recoger a los que estaban allí. A las 3 y 5 salimos para la otra base de la calle "19" en que estaba José Antonio. A las 3 y 10 minutos partimos de aquí los tres automóviles hasta "B", doblamos hasta "17" y por esta calle continuamos recto hasta la calle "M", doblamos de nuevo a la derecha hasta llegar a la CMQ, donde estaban los estudios de "Radio-Reloj". Éramos 15. Hacia la Universidad habían partido directamente los compañeros Armando Hernández y un camagüeyano llamado Lorenzo que había traído León Llera desde esa provincia, los cuales, utilizando el auto convertible de Carlos Figueredo nos esperarían para juntos entrar el grueso de las armas por la puerta de la calle "J".

»Nosotros íbamos cinco en cada automóvil. El primero, que era la vanguardia, debía llegar dos minutos antes. De él se bajarían José Azzeff* y Pedro Martínez Brito. Llevarían sus pistolas escondidas y como dos pacíficos ciudadanos tomarían el elevador de la planta radial para llegar hasta el control y esperar allí la llegada de José Antonio Echeverría. Los otros tres tripulantes de este auto: Rodríguez Loeches, Humberto Castelló y Aestor Bombino seguirían en el mismo hasta la esquina de las calles "23" y "M" para cerrar la bocacalle e impedir el acceso a la emisora.

»Del segundo auto se bajarían José Antonio Echeverría, Fructuoso Rodríguez y Joe Westbrook, quienes subirían al estudio. Los otros dos: Otto Hernández y Carlos Figueredo se pondrían en la puerta de la "CMQ" cuidando la entrada.

»El tercer carro enfilaría hacia la esquina de "M" y "21" para impedir el acceso por esa otra bocacalle. Al timón iba Juan Nuiry. Los otros cuatro tripulantes éramos Mario Reguera, Antonio Guevara, Héctor Rosales y yo.»[31]

Antonio Guevara Fournier:

José Antonio iba a la vanguardia y nosotros lo seguimos. A mí me pusieron detrás de la CMQ y tenía que garantizar que nadie pasara mientras él hacía su alocución.

---

*Entre los testimoniantes de esta edición, el lector encontrará Assef, y no Azzeff. Este apellido fue rectificado por la autora en su entrevista con José Assef. *(N. del E.)*
[31] Faure Chomón: *El ataque al Palacio Presidencial*, p.45.

José Assef Yara, *el Moro*:

Cuando salimos del apartamento de 19, José Antonio sale tal como era y con el arma en la mano. Digo esto, porque él acostumbraba a camuflagearse y vestirse de guagüero, se ponía hasta una gorra y un bigotico, para evitar ser reconocido. También le pintábamos como canitas en las patillas. Pero ese día no. Ese día, repito, sale tal como era. Además, tenía una sonrisa y una felicidad grande en su rostro, porque al fin había llegado la hora de combatir. Nuestro carro era el de la vanguardia. Íbamos en lo que catalogábamos como una marcha militar. En mi carro iba manejando Humberto Castelló, al lado Enrique Rodríguez Loeches y detrás Pedro Martínez Brito.

En el carro del medio iba José Antonio, y cerrando la marcha, Julio. Yo tenía que bajarme primero en Reloj, tomar el control maestro para evitar que la alocución de José Antonio fuera desmentida.

Como una flecha, el auto de Carlos Gutiérrez Menoyo abre la caravana en dirección a Palacio, seguido por el Fast Delivery y el carro de la retaguardia. Pasan la media cuadra de la calle 21, siguen hasta 26 y de ahí raudo a 17 por donde doblan hacia el centro de la ciudad.

En el camión los hombres van apretados, asfixiados por el calor. La oscuridad es total. Pegados a la puerta, dos de ellos cuidan para que no se abra. Evelio, al fin, no puede resistir más y se libera del saco.

Sin tropiezo alguno toman por 17 hasta O, de ahí continúan por Vapor, Espada, San Miguel y Campanario. Por la rendija de la puerta trasera vigilan constantemente Carbó y Machadito, quien de pronto ve a su novia por la calle San Rafael.

Debido al sobrepeso, los muelles del camión han cedido y su parte trasera casi toca el pavimento.

Casualidades. Por San Miguel un carro patrullero se sitúa exactamente detrás del camión un buen tramo, pero al fin, para tranquilidad de todos, se desvía por una calle aledaña.

Al doblar por Campanario la cama choca contra el contén y el camión da varios cortes para seguir adelante, maniobrando entre los carros parqueados a ambos lados.

De pronto, el chofer del Fast Delivery confunde la ruta y toma por una calle equivocada, perdiendo momentáneamente el rastro de Carlos. Después de retornar, encuentran la primera máquina y continuan el recorrido como está programado, sin dificultades. Pasan sin ser vistos frente por frente del periódico propiedad del ganster Rolando Masferrer, cuya puerta está custodiada por varios policías y guardaespaldas.

El tránsito intenso obliga a apresurar el paso para no perder de vista el primer camión y continuar juntos hacia el objetivo.

Llegan a Dragones y la caravana toma por Monserrate. Esperando el paso del comando, en la esquina de Monserrate y San Juan de Dios, está parado Ignacio, quien hace la contraseña acordada para que siga su camino.

Van despacio para no levantar sospechas. Una cuadra más y perfilan la esquina del parque Zayas, por la calle Colón. De improviso, el carro de Carlos dobla a la izquierda, frena violentamente y se detiene de repente ante la puerta del ala sur del Palacio Presidencial.

Amado Silveriño Carnero:

Íbamos a una distancia prudencial, yo tenía que ir despacio porque llevaba la goma prácticamente ponchada. Y en las calles estrechas no podía doblar, porque si me tocaban esa goma, reventaba la otra. En el camino hubo sus incidentes. Creo que perdí a uno de los carros cerca del Barrio Chino, pero después volví a ponerme en posición. Dicen que detrás de mí iba un perseguidor, yo no recuerdo eso, la verdad.

Llegamos a Palacio sin ningún tropiezo. Todo se hizo bien hasta ahí. Allí surge un problema porque la calle Chacón era subida en aquel momento y cuando fui a parquear el camión, se me atravesó una ruta 14. Ella subía por Chacón, precisamente para coger por detrás de Palacio y yo venía por Monserrate a coger izquierda. De pronto, se me atravesó. Vi que no podía perder la distancia del primer carro, porque yo sabía que éste iba a limpiar la puerta para que yo pudiera llegar. Y la guagua aquella se me metió por la derecha, entonces tuve que cerrarla.

Ángel Eros Sánchez:

Sé que salimos de 21, pero no sé exactamente por dónde cogimos. Yo veía por la ranura que dejaba la puerta, porque fui uno de los últimos en entrar. Carbó iba aguantándola con una soga, para que no se fuera a trancar del todo.

En una de las calles, bastante cerca de Palacio, vimos a la novia de Machadito ajena por completo a todo lo que estaba sucediendo.

Iba un carro delante, el camión y el otro auto detrás. Todo era normal. Íbamos despacio por las calles estrechas de La Habana. En un momento, tuvimos que dejar pasar a una mujer embarazada, entre el camión y la máquina de atrás. El carro hasta paró y le hizo señas para que la señora en estado cruzara. De ahí seguimos, y a una cuadra o dos, se metió una perseguidora entre el camión y la última máquina. El carro perseguidor fue detrás del camión dos o tres cuadras, entonces dobló y se fue. Tuvimos mucha sangre fría y nada pasó. Ya por Bellas Artes, el camión se acabó de ponchar y siguió dando tumbos, porque no se podía parar y mucho menos cambiar la goma. Dando tumbos llegó a Palacio y parqueó en la parte de atrás.

MANUEL JOSÉ GÓMEZ SARTORIO, *EL AMERICANO*:
Entramos de dos en dos en el camión. Yo entré de pareja con Mario Casañas. El trayecto pareció durar un siglo. Íbamos muy apretados, con un calor tremendo. Sobre todo después que entró la gente de Menelao. La gente iba callada. Algunos conversaban bajito. Mario, que era muy conversador, me dijo: Ahora sí, ahora sí.

Porque, realmente, antes nunca habíamos logrado tener las armas en la mano y ahora sí las teníamos.

FAURE CHOMÓN MEDIAVILLA:
«[...]El auto de Carlos marchaba a la vanguardia del camión. Estaba previsto que si se presentaba algún obstáculo delante del camión, Carlos se entendería con él mientras yo continuaba con el segundo automóvil y el camión hacia el objetivo. Si por el contrario el inconveniente surgía a la retaguardia, sería yo quien, en unión de mis tres compañeros, me encargaría de eliminarlo, mientras Carlos, seguido del camión, continuaría adelante. Si el obstáculo que surgiera era de envergadura tal, que podía hacernos casi imposible llegar a Palacio, o de recibirse algún aviso durante el camino de que no continuáramos sobre dicho lugar, disponíamos de un plan de emergencia, que consistía en dirigirnos sobre el Cuartel Maestre de la Policía, y tomarlo, para continuar el mismo tipo de operaciones sobre las demás estaciones de poli-

cía, una vez que hubiéramos equipado suficientes hombres con las armas que ocuparíamos en ese Cuartel Maestre. La decisión era de no retroceder de ninguna forma. Ofrecer combate donde fuera necesario[...]

»[...]Algunas veces el camión se nos alejaba algo debido al intenso tránsito, y teníamos que imprimirle velocidad a nuestro automóvil para alcanzarlo: finalmente tomamos por Monserrate unidos los tres vehículos uno detrás del otro, hasta desembocar en el parque Zayas, avistando con ansiedad el Palacio Presidencial.

»Otra vez el intenso tráfico de esa hora hace que nuestro carro se retrase un poco. Veo el automóvil de Carlos, que ya comienza a doblar en la esquina del parque por la calle Colón. Le digo a Abelardo que corra más, para tratar de coincidir al mismo tiempo en la llegada. Abelardo que era un magnífico chofer, pudo deshacerse de los carros que imposibilitaban nuestra marcha, lanzándose velozmente por una estrecha brecha que quedaba entre los vehículos que delante nos estorbaban, y los que a la izquierda estaban parqueados. Doblamos a tiempo de haberlo hecho el camión, seguimos adelante; el auto de Carlos ya se detiene ante la puerta del Palacio Presidencial.»[32]

Son las tres y catorce minutos de la tarde. El calor aprieta y los vientos del brisote sur molestan sobremanera a los transeúntes que a esa hora deambulan por la zona de Radiocentro. Los tres carros llegan a la vez a la CMQ. Del primero se bajan José Assef y Pedro Martínez Brito, los otros tripulantes continúan en el mismo carro hasta la esquina de 23 y M, a fin de cerrar la bocacalle e impedir el acceso a la emisora. El otro queda estacionado en 21 y M, en la esquina del restorán La Roca.

Con serenidad pasmosa se dirigen al elevador y esperan allí a Echeverría, quien prácticamente se ha tirado del carro que ha frenado violentamente frente a la CMQ. En el cinto lleva una pistola con cargador largo. José Antonio sube los escasos peldaños de la escalera y entra junto con Fructuoso al vestíbulo. Inmediatamente, al ver el guardia al lado del elevador, se abalanza sobre él, lo desarma y coloca la pistola en su cinto.

[32]Faure Chomón: *El ataque al Palacio Presidencial*, pp. 54, 55, 56.

Acto seguido, suben los cinco por el elevador. Al llegar al cuarto piso Assef y Martínez Brito caminan hacia el control maestro, mientras José Antonio, Fructuoso y Joe van directo a la cabina de transmisión.

Sentados en sillas giratorias, frente a los dos grandes relojes que marcan exactamente los minutos, los locutores Floreal Chomón, comprometido en la acción; y Héctor de Soto, ajeno a los sucesos, realizan las transmisiones del día.

En el pasillo de la estación queda Fructuoso, entre la cabina y la oficina de la dirección. Armado con una Máuser controla a Jorge Bourbakis, director de la emisora, a quien conoce por sus frecuentes visitas para traer o recibir datos. A pesar de su sentimiento antibatistiano y ser simpatizante de la FEU, Bourbakis protesta en tono airado: ¡Coño, cómo ustedes van a hacerme esto a mí...!

A las tres y veintiún minutos José Antonio llega a la cabina de transmisión. El micrófono cuelga del techo. De espalda a la doble puerta de cristal de la cabina, que la aísla del ruido exterior, Héctor de Soto lee las noticias, mientras Floreal espera su turno revisando el contenido de los comerciales.

Violentamente abren la puerta y José Antonio entra con su pistola en mano, seguido de Joe Westbrook, que va armado con una carabina Ml. De pie, contra la pared cubierta con un gran mapa mundi, Echeverría mantiene el arma en alto apuntando al techo. Cierta confusión caracteriza el momento. Sorprendido, el locutor Héctor de Soto no sabe qué hacer... José Antonio y sus dos acompañantes les entregan los partes confeccionados previamente y conminan a leerlos. Dan instrucciones precisas, esto es, leer despacio e intercalar los acostumbrados anuncios comerciales. Héctor no entiende qué sucede. Con voz casi inaudible pregunta si debe leer. La respuesta no llega, se hace harto elocuente. Entonces, Héctor de Soto comienza a leer:

¡Radio Reloj reportando.– «Atacado el Palacio Presidencial».– Hace breves momentos un nutrido grupo de civiles no identificados abrió fuego contra el Palacio Presidencial utilizando fusiles y armas automáticas... entablándose un fuerte combate con la guarnición de Palacio... los atacantes, aprovechan-

do la sorpresa lograron irrumpir en el interior del Palacio donde se reporta que el Presidente de la República, Fulgencio Batista, se encontraba despachando... hay numerosas bajas civiles y militares... nuevos contingentes de civiles han arribado al lugar y se encuentran disparando sobre Palacio apostados en sus alrededores... Continuará... Radio-Reloj reportando!...

Sumamente tenso, desconociendo el ritmo normal de la transmisión, José Antonio manipula insistentemente las chicharras. Floreal le hace señas para que desista y pueda seguir leyendo Héctor:

«Parte oficial del Estado Mayor del Ejército»: Nuestro reporter en Ciudad Militar, Luis Felipe Brión, comunica que hace breves momentos clases y oficiales del Ejército, Marina y Policía reunidos en el "Cuartel del Cabo Parrado" del campamento de Columbia han tomado los mandos de las Fuerzas Armadas y han emitido el siguiente comunicado oficial:

«Ante la grave crisis por que atraviesa la Nación, las clases y oficiales que integran los Institutos Armados de nuestro país velando por el cumplimiento de su más sagrado deber que es la salvaguardia de la paz pública e interpretando el sentir mayoritario de sus miembros han relevado de sus mandos al General Tabernilla y demás altos jefes y oficiales adictos al dictador Batista...»

El parte se repite un minuto después, a pesar de que van intercalando los conocidos anuncios comerciales de la época.

José Antonio en la cabina de transmisión espera impaciente, mientras sus hombres en los puestos correspondientes, esperan también el desenlace y su alocución.

El locutor continúa: Sí, señora, pida, pida el legítimo bacalao de Noruega. Y a continuación anuncia: Fume Partagás, el cigarro que gusta más... Si quiere lucir elegante, California a los pies de usted.

Los locutores vuelven sobre los hechos, y segundos más tarde Héctor de Soto presenta al presidente de la FEU:

«Radio Reloj informando».– En atención a los tras-cendentales acontecimientos que se están desarro-llando se leerá a continuación una alocución al pue-blo de Cuba por el Presidente de la Federación Es-tudiantil Universitaria y líder del Directorio Estu-diantil José Antonio Echeverría.

La voz inconfundible, juvenil y emocionada, arenga:

«¡Pueblo de Cuba!– En estos momentos acaba de ser ajusticiado revolucionariamente el dictador Fulgencio Batista. En su propia madriguera del Pa-lacio Presidencial, el pueblo de Cuba ha ido. a ajus-tarle cuentas. Y somos nosotros, el Directorio Re-volucionario, los que en nombre de la Revolución Cubana hemos dado el tiro de gracia a este régi-men de oprobio.

Cubanos que me escuchan: Acaba de ser elimina-do...[33]

La voz altísima, enérgica, de José Antonio se escucha desgarrada. No se da cuenta que la trasmisión deja de oírse. A quince kilómetros de allí, en Arroyo Arenas, un empleado de la planta trasmisora, al recibir una orden, saca la emisora del aire y la proclama queda inconclusa. Durante años una versión muy distinta se da a conocer incluso por la prensa, y se achaca la intercepción a la alteración de un relay *inexistente hasta hoy. De la habitación contigua entra Fruc-tuoso, agitado: Gordo, no sigas, te cortaron. Y Echeverría le res-ponde: Bueno, entonces vámonos...*

Apresurados caminan por el pasillo en dirección al elevador. Los locutores van delante con los brazos en alto, y José Antonio les dice: ¡Caminen!.

---

[33] FAURE CHOMÓN: *El ataque al Palacio Presidencial*, pp.46, 47. Esta nota incluye los fragmentos de las páginas 93, 94 y 95 de esta edición referidos al asalto a Radio Reloj. *(N. del E.)*

Atra\   in el pasillo. Ya frente al ascensor José Antonio observa el control maestro intacto. Saca su pistola y la descarga sobre el master, tratando de inutilizar los equipos para cumplir así el plan previsto.

Fructuoso, Martínez Brito y Joe bajan por el elevador. Assef queda con José Antonio. Le pasa su granada. Entonces, José Antonio le dice convencido: Moro, ya yo puedo morirme tranquilo. Vámonos.

JOSÉ ASSEF YARA, EL MORO:

Los tres carros llegaron juntos. Cuando me bajo le digo a Pedro Martínez Brito que me acompañe. Al llegar al elevador tropezamos con un guardia ahí mismo, a la entrada. José Antonio viene tal cual es y Fructuoso también. Joe viene con un M1, Fructuoso con una Mauser y José Antonio con su pistola.

No cogemos elevador y esperamos al Gordo. El guardia estaba en la misma puerta del elevador, José Antonio se le abalanza, le dice unas cuantas cosas, lo desarma, y se queda con el revólver que coloca en su cintura. Entonces, subimos los cinco a la vez en el elevador.

Cuando llegamos al cuarto piso, me dirijo al master control, que ya conocíamos porque días antes Floreal nos lo había enseñado todo. Hasta hicimos un croquis que yo se lo expliqué a José Antonio y le dije que no iba a haber problemas, que todo estaba bien coordinado. Pongo a Martínez Brito cuidando el elevador para evitar que suba o baje alguien. Mientras, José Antonio, Fructuoso y Joe van hacia los estudios.

En el master no hubo resistencia, y coloqué al empleado en la esquina de aquel estudio. Así se empiezan a escuchar los distintos partes falsos, confeccionados con antelación.

Todo iba marchando bien hasta que se anuncia la alocución de José Antonio. Y al rato, queda interrumpida. Yo sabía que en el master nadie había tocado nada.

Le mando el aviso a José Antonio. Cuando él se entera, sale como un bólido y sin esperar que yo tire la granada al master, empieza a disparar contra el cristal. Fructuoso, Pedro y Joe ya han bajado por el elevador.

Yo intercambio una palabras con José Antonio. Y mi granada que era la que yo tenía que tirarle al master control para que no nos desmintieran, me la quito y se la doy.

Entonces, él, enfático, me dice: Moro, ya yo puedo morirme tranquilo. Vámonos.

Nos vamos con los dos locutores delante, delante de nosotros con los brazos en alto.

Floreal Chomón Mediavilla:

En los últimos días yo había acopiado boletines de noticias viejas retiradas de Reloj, para que Wangüemert, que era estudiante de Periodismo, examinara el estilo de redacción e hiciera similares, para darle entrada a la alocución de José Antonio. Por eso, el boletín que entrega José Antonio a Héctor de Soto ya observa el carácter y el tiempo de la emisora, es decir, textos de ocho líneas que hacen el medio minuto. También se hace referencia a Luis Felipe Brión, en la vida real destacado en Columbia, lo que le imprime mayor veracidad. Todo se desarrolló muy rápido. A pesar de que yo estaba sobreaviso, la entrada de José Antonio en la cabina me emocionó. Él mantuvo su arma siempre apuntando el techo. Incluso, para encubrirme, nos hace caminar por el pasillo con los brazos en alto.

Por mucho tiempo nos preguntamos qué había sucedido. Nadie supo nunca quién sacó la emisora del aire. Se dio la versión de la alteración del *relay* al José Antonio alzar la voz, porque así le convenía a Goar Mestre, dueño de CMQ.

Humberto Castelló Aldanás:

De la máquina mía se apea el Moro Assef, yo quedé al volante, mal estacionado.

Ese día José Antonio se transforma. Cuando se tira de la máquina está rojo, excitado. Su llegada a la CMQ fue un espectáculo, porque la gente sabía que cuando él llegaba a cualquier lugar, seguro había combate. Y lo veían con admiración. Eso sucede en cuestión de minutos.

Yo tenía dos carros de la Policía de tránsito detrás de mí. Por los altoparlantes notificaban constantemente que mi carro, con el número de mi chapa, que no recuerdo ahora, debía continuar. Me repetían eso, una y otra vez, en fin, me ordenaban que siguiera de largo. Que allí no podía quedar estacionado.

Yo tengo la Thompson encima de mis rodillas, tapada con un periódico. El policía viene para arriba de mí, ordenándome que siga mi camino. Entonces, yo le digo: Mire, agente, es que tengo un amigo mío que tiene un dolor de cabeza tremendo y fue a la farmacia a buscar aspirinas. En cuanto regrese, enseguida, me retiro. El guardia bajó por La Rampa y me dejó por incorregible.

ANTONIO GUEVARA FOURNIER:
Nosotros íbamos en el tercer carro, que se atravesó en la esquina de 21, frente a La Roca. La orden era tajante: No dejar pasar a nadie. Así se hizo mientras duró la alocución. Estuvimos de pie, con los fusiles preparados. Frente a nosotros había un carro parqueado, y un hombre, vestido con uniforme del ejército, bajaba unos cajones. Entonces, se hizo el desentendido. Agachó la cabeza y siguió en lo suyo. Nosotros, ahí, delante de sus narices, con el arma en la mano. Pero, no tuvo el valor de decirnos nada.

El carro de la vanguardia frena frente por frente a la puerta de Palacio. Como un bólido, Carlos se lanza fuera y de varias ráfagas barre con la guardia, sin darle tiempo ni a sujetar la alta verja. Con otra ráfaga aniquila al resto de los soldados que custodian la entrada del ala sur e impiden el paso.

Ya Faure y Wangüemert se han tirado del auto que frena entre el camión y el auto de Carlos. Avanzan sobre la puerta, tiroteando a dos soldados que disparan a la espalda de Carlos, y los dejan fuera de combate seguidos por Abelardo y Ubaldito. Carlos, enardecido, bajo la arcada, grita: ¡Arriba, muchachos, que ya esto es nuestro!

La acción es simultánea. Castellanos, Almeida y Goicoechea se unen a Carlos haciendo sonar sus ametralladoras, mientras observan disparar sin cesar a la calibre 30, perteneciente a la guarnición de Palacio, instalada frente a la misma entrada, lo que entorpece el acceso del resto de los combatientes y cobra ya las primeras víctimas.

Del camión siguen bajando los hombres bajo un tiroteo ensordecedor. Un polvillo, que escapa de las paredes fragmentadas por los balazos, envuelve el ambiente.

Ametralladora en mano, Zúñiga lanza una granada que por suerte logra neutralizar la calibre 30, internándose por el ala derecha de la planta baja, mientras Eros toma hacia la izquierda.

En medio de la calle, un grupo parapetado al lado del camión, dispara hacia los pisos superiores. Las balas pican, pican a montones. El fuego arrecia desde los pisos superiores y el pavimento se va incrustando de una lluvia incesante de balas.

Pegados a la pared, suben ya por la escalera hacia el segundo piso, Carlos, Wangüemert, Luis Almeida, Pepe Castellanos, Luis Goicoechea, Abelardo Rodríguez Mederos y Ubaldo Díaz Fuentes.

AMADO SILVERIÑO CARNERO:

Los primeros disparos fueron a la guagua, porque ellos pensaron que el ómnibus estaba metido en eso. Y matan al chofer y a un pasajero. Esa confusión nos dio ventaja. Yo me bajo del camión, pero el tranque que se hizo allí en un minuto fue algo grande, no se podía ni caminar.

Yo me bajo y voy hacia atrás, a ayudar a los compañeros a bajarse del camión. Entonces, veo a Castellanos que, al bajarse de su carro, mira por encima y se sonríe como diciéndome: ¡Lo logramos!

Después, bajo aquel tiroteo me arrimé a las paredes de Palacio. Yo no portaba ninguna arma. Mi tarea era llevar el camión.

Entraron los grupos. Todo sucedió de forma muy rápida. Hubo problemas con una calibre 30, instalada en el patio. Esa calibre 30 fue la primera que interceptó la entrada, porque empezó a disparar y a tirotear a la gente que entraba. Las ráfagas daban en la pared y el polvo que levantaba era mucho.

FAURE CHOMÓN MEDIAVILLA:

«Nuestro carro frena a la izquierda, entre el camión y el auto de Carlos. Me lanzo fuera del mismo, seguido por Wangüemert, Abelardo y Osvaldito, y avanzo hacia la puerta. Carlos Gutiérrez ya está situado en medio de la arcada de la puerta de la calle Colón, en un movimiento tan rápido que resulta indescriptible. La sorpresa es tan perfecta que los guardianes no tienen más tiempo que el de ver cómo la ametralladora de Carlos los fusila. [...] Wangüemert y yo, que avanzamos sobre la puerta, tenemos que disparar sobre dos soldados que le disparan a Carlos por la espalda, dejándolos fuera de combate. Castellanos, Almeida y Goicochea se unen a Carlos disparando sus ametralladoras. Yo he llegado a la arcada, mientras siento a Wangüemert a mi lado. Carlos entra por la verja abierta, que es la brecha victoriosa por donde tomaremos el Palacio. Ricardo Olmedo avanza hacia la puerta desde el camión, donde venía junto al chofer. Yo doy un salto hacia la verja tratando de poner una mano en el hierro para tomar impulso detrás de Carlos. Me siento débil, sacudido como si fuera de papel, pierdo mi estado consciente mientras tengo la impresión de que soy lanzado al aire por la mano de un gigante, [...]

»Deben haber pasado algunos segundos antes de recobrar el conocimiento. Estoy sobre la acera y me siento aturdido. Por un momento no sé qué hacer, pero las ráfagas de balas pican continuamente a mi alrededor, sin saber por qué no me alcanzaron y hago girar mi cuerpo hacia la pared del Palacio. [...]

»[...]veo un grupo de compañeros al lado del camión, en medio de la calle disparando hacia los pisos de arriba de Palacio. Están cometiendo el error del que se les advirtió mil veces. Intento gritarles la orden de que avancen, pero el ruido es ensordecedor por los disparos, y no se me escucharía ni a dos metros de distancia. Entre el lugar en que yo estoy y el que se encuentran esos compañeros está la puerta de Palacio y en el pedazo de acera pegado a mí veo picar las balas a montones. Decido acercarme hasta ese grupo de compañeros y aprovecho un momento en que creo dejaron de caer balas a mi lado, para arrastrarme por detrás del automóvil de Carlos, estacionado frente a la puerta. Esperando la oportunidad, llego hasta un ómnibus que está más adelante del camión. Pero en este movimiento soy descubierto y me dirigen abundante fuego desde los altos de Palacio. Me parapeto lo mejor que puedo detrás de la rueda de la guagua, mientras me dan en la cara partículas de metal, pintura y asfalto. Ahora no domino el lugar donde estaban los compañeros. Creo que han entrado o se han retirado. Medito en que he cometido el mismo error alejándome de las paredes de Palacio y convirtiéndome en un "tiro al blanco".[...]

»Dirijo mi vista por un lado de la rueda que es mi parapeto, hacia la arcada de Palacio y veo a Ricardo Olmedo tirado en la misma, herido y agitando los brazos. Allí dan las balas también y me angustio al ver que no tiene fuerzas para moverse. Del lado de adentro veo, disparando con su ametralladora, al compañero José Alfonso. Me llama la atención su forma confiada de combatir, como si estimara que a él no podían alcanzarle los tiros.»[34]

[34]Faure Chomón: *El ataque al Palacio Presidencial*, pp.57, 58, 59, 60.

JUAN JOSÉ ALFONSO ZÚÑIGA:

Yo tenía que bajarme del camión y rafagar. Esa gente había que neutralizarla. Así lo hice. No pude ver los resultados. Lo que sí sé es que disparé un depósito completo en forma de ráfaga porque yo llevaba un M3, con un depósito de veinticinco tiros. Yo tiré ráfagas cortas para todos los rincones.

En los primeros momentos, en el patio del Palacio, ellos tenían una ametralladora calibre 30 instalada, que yo la neutralicé con una granada. Es decir, que ellos llegaron a tener gran poder de fuego en la planta baja, pero el comando nuestro los obligó a replegarse.

Hubo gente que murió apenas salió del camión. Yo me acuerdo que al yo salir del camión me percaté de un compañero que me impedía el paso y yo le decía: ¡Quítate! Y cuando me percaté, echaba sangre a borbotones de forma intermitente por el pecho.

Yo llevaba el M3 con su depósito puesto que pesa, un chaleco de goma, una pistola y tres granadas de mano, es decir, que yo llevaba peso, y no me quedó más remedio que saltar por encima del hombre porque éramos todos a bajar por la única puerta del camión.

Hubo compañeros como a Juan Pedro Carbó Serviá que le tumbaron los espejuelos con una ráfaga.

Había otro comando que tenía que entrar hacia la izquierda, volar una planta eléctrica y después converger atrás, en la puerta, hoy entrada del Museo, que en ese momento estaba clausurada y se abría en ocasiones excepcionales.

Al lado de la puerta por donde nosotros entramos había otra, en el interior de Palacio, por donde entraban los víveres y la basura, la única que estaba abierta. Nosotros teníamos que converger allá atrás y eso lo hicimos. Lo logramos. La planta baja estuvo completa en nuestro poder.

ÁNGEL EROS SÁNCHEZ:

Carlos se tiró tan rápido, que pudo pasar. Yo me tiro rápido del camión. Él ametralló la posta, que no pudo ni cerrar la puerta metálica. En total había como diez guardias, que fueron sorprendidos y ametrallados.

Logramos entrar a la planta baja, el grupo de Zúñiga cogió la derecha, nosotros la izquierda. Al entrar todo estaba cerrado. Hubo resistencia, pero poca. Nosotros no teníamos que subir, aunque hubo gente de nosotros que subió. Machadito subió y bajó muy rápido buscando a Carbó que estaba herido.

A Faure, bajándose del auto, también lo hieren y le dan tres balazos.

Al entrar por la parte izquierda me encontré varias oficinas, gente de civil. Unos guardias que van huyendo, huyen como para subir por las escaleras que están al fondo, hacia arriba. A mí me dan un tiro en una pierna. Inmediatamente, desde arriba nos empiezan a tirar y a tirar fuerte. Todo es bastante rápido, no se cuánto duró. Después nos empiezan a gritar que tenemos que retirarnos.

OSVALDO ANTONIO CASTELL VALDÉS, *TONY*:

Los primeros en bajarse del camión fuimos Machadito, Carbó y el que le habla. Detrás venía Leoncito Lleras. Después no puedo precisar quiénes se tiraron. Me dirigí hacia el parqueo, ya en medio del tiroteo. Me puse detrás de un Cadillac, enseguida llegó Carlos Alfaro. Éramos cuatro los que teníamos que garantizar el parqueo. La escolta de Batista se refugió en la Iglesia del Ángel, que nos quedaba casi en frente. Empezamos a combatir contra los que se habían refugiado en la iglesia, porque ellos nos tiraban desde las ventanas del templo.

En el parqueo estuvimos combatiendo, ripostando, no puedo decirte cuánto tiempo, pero fue más de diez minutos. En una acción como ésta, uno, por mucho que quiera, no puede precisar lo que está ocurriendo alrededor. Eso es imposible. Sí recuerdo que Leoncito cayó de bruces contra el pavimento. También a Panizo, sentado a la entrada de Palacio, que tenía un tiro en el estómago y yo no le veía sangre, sino una cosa como bilis. Esas cosas sí las recuerdo perfectamente. Yo lo miré, pero en aquel momento yo no podía hacer nada, no podía ayudarlo.

En esos momentos yo sentí de todo, sentía euforia porque al fin estaba combatiendo, pero también sentí miedo, miedo de que me mataran. En fin, sentí de todo. Seguí combatiendo y disparé todo lo que pude. Tiraban de todas partes. Con el fusil sólo pude tirar una ráfaga porque después se trabó. Me quedé tirando con la pistola. El tiroteo era ensordecedor, por la explosión de las granadas y de cartuchos de dinamita que Machadito tiró. Me di cuenta que había pasado el tiempo, porque inclusive vi compañeros ya retirándose.

MANUEL JOSÉ GÓMEZ SARTORIO, *EL AMERICANO:*

Hubo un momento en que estando dentro del camión sentíamos los proyectiles. Vi caer distintos compañeros, a Carlos Pérez a la salida del camión. Salí y me dirigí hacia la puerta de Palacio, ya hay otros compañeros heridos, en el suelo, que yo tengo que saltar.

Parece que los soldados se recuperan pronto de la sorpresa del ataque y empiezan a ripostar. Hay una ametralladora que nos hace mucho daño porque está emplazada frente por frente a la misma puerta por donde teníamos que entrar. Yo cogí para el ala izquierda. Avancé hacia el fondo, tirando, tirando hacia arriba siempre. El tiroteo es grande. Cambio el peine y sigo tirando. En eso veo que hieren a Mario al tratar de cambiar el peine, lo hieren de muerte. Lo veo desfallecido y lo halo hacia mí. Siento un calor por mi cuerpo, pero no me percato de que es la sangre de Mario. Él cae delante de mí, casi muerto. Yo lo que hago es tirar, sigo tirando, hasta que oigo voces, y Manolito Saldaña me hace señas para que me retire.

JUAN GUALBERTO VALDÉS HUERGO, *BERTO:*

Primero se tiró Carlos y el grupo que eliminó las postas de la entrada, y después nosotros, que subimos directo al segundo piso. Subimos. La segunda planta estaba abierta. Nos colocamos detrás de una de las columnas a la entrada del segundo piso. Nos hicimos fuerte ahí. Ya empiezan a tirar desde la azotea y desde los pisos superiores, y yo también respondo. No sé, estuvimos como media hora allí tirando, más o menos. Después, se corre la voz de que la gente de apoyo no ha venido.

Han transcurrido minutos desde que José Antonio entra en la CMQ. Los hechos se suceden uno tras otro de forma vertiginosa. Ante la certeza de que la transmisión se ha ido del aire, bajan por el elevador Joe, Fructuoso y Pedro Martínez Brito. Ya no hay paciencia para esperar.

Alguien trata de mantener cerradas las puertas de cristal que sirven de entrada a la emisora y una ráfaga hace añicos los cristales.

Casi corriendo José Antonio y el Moro bajan las escaleras. El tiroteo se generaliza.

En la calle la tensión es grande. Cada cual en su puesto ha escuchado la transmisión que queda inconclusa. Con las armas prestas, esperan a José Antonio.

En la acera, el policía que había bajado hacia La Rampa, retorna con el arma en la mano, pero nada puede hacer, pues lo encañona un hombre que porta un M1. De repente, suena otro disparo y el policía cae al pavimento herido en un muslo. Hace un ademán para disparar, pero siente una voz decidida que lo amenaza: No te muevas, o te mato. Entonces, lo desarman y le quitan su identificación.

A Floreal que intenta irse con el grupo, el Moro le grita: Siga, siga usted pal'cará... Y le impide montar. En ese instante, oye la voz descompuesta de José Antonio que le ordena: Moro, ven conmigo. Assef sube al auto que conduce Figueredo. El carro toma por la calle M y dobla por Jovellar. Los del tercero se ven obligados a doblar por 25. Carlos Figueredo, que conduce a Echeverría, busca la ruta más corta para llegar a la Colina.

Carlos A. Figueredo Rosales, *el Chino*:
Los tres carros llegaron en caravana. El primer carro se paró en M y 23 y el otro en 25. Trancaron las calles. El mío se paró frente a la CMQ. Yo quedé con el carro acelerado. Cuando los muchachos se apean, una señora empieza a gritar: ¡Ay, Dios mío, los estudiantes con ametralladoras!

Entonces, me fijé en un hombre vestido de blanco, muy elegante, que se me hizo sospechoso, e inmediatamente vi acercarse a un policía por la esquina, que se acerca al primer carro. Yo sabía que ellos tenían las armas encima de las rodillas y pienso que ya se iba a formar el zafarrancho. Pero veo que el policía sigue y no pasa nada.

A la vez, veo a un mulato alto, un sargento, lo veo por el espejo retrovisor y alerto al que lleva la ametralladora. En ese momento empiezan a oírse los tiros allá arriba. Enrique se baja y se pone a cubrir la calle mirando hacia L. Veo a ese militar que viene por detrás de Enrique sacando el revólver. Le tiro, y lo tumbo. Él se cae y Enriquito con el pie hala el revólver que se le había caído de la mano. Eso sucede antes que José Antonio baje.

En ese momento veo venir los muchachos bajando. Yo veo al policía herido en la esquina y pienso que está parapetado. Y lo voy a rematar, pero alguien me ordena: Lo tuyo es manejar. Inmediatamente José Antonio monta en el carro y salgo disparado.

José Assef Yara, *el Moro:*

Nos vamos con los dos locutores, delante, encañonados. Como estaba Floreal, se hace un simulacro para encubrirlo. Ellos van bajando delante de nosotros hasta llegar al vestíbulo.

Floreal intenta tomar el carro, pero yo lo impido y le grito que se vaya, que él no tiene nada que hacer ahí.

En ese momento, el Gordo me pide que me vaya con él. El carro coge por todo M y dobla por Jovellar, que no era la ruta prevista. La ruta prevista era todo M, San Lázaro, que era una calle ancha, para llegar a la escalinata cuanto antes. Tan es así que cuando doblamos por Jovellar, yo digo: ¡Coño, nos hemos equivocado!

El carro de Julio toma por otra ruta y el carro mío coge por todo M, sube por San Lázaro, que es donde van Castelló y Loeches. Pero ya yo no voy en ese auto.

Humberto Castelló Aldanás:

Cuando José Antonio sale se forma un tremendo tiroteo. Ya él le había tirado al master arriba, tratando de inutilizar los equipos. Entonces, viene la arrancada y se da el incidente con el policía, que viene Rampa arriba al escuchar los primeros disparos. Viene con el arma en la mano. De la máquina nuestra se tira Enriquito y yo le digo: Nosotros mismos lo vamos a matar. Detrás el Chino Figueredo hace un disparo y hiere al policía en un muslo. El policía se queda como pidiendo perdón allí. No lo rematamos. Enriquito le quitó el arma, la documentación y arrancamos. Yo estoy alterado, porque soy el primero que tiene que partir y cumplir mi ruta. Todo el mundo sabía lo que tenía que hacer.

Antonio Guevara Fournier:

El carro de nosotros tenía radio y eso permitió oír la alocución que enseguida se cortó. Vimos cómo salió José Antonio. El jefe de la máquina de nosotros dio la orden de seguirlo y fuimos para la universidad. No tuvimos ningún problema.

Julio A. García Oliveras:

José Antonio se demora en salir, parece que no se dan cuenta de la interrupción. Nosotros la oímos por el radio del carro. Los tres carros arrancaron como fue previsto. El Habana Hilton estaba en construcción y eso determina que los tres carros se separen. El carro nuestro, que se demora por las obras del hotel, dobla por 25. El chofer que era Nuiry tenía razones para estar nervioso, porque a mí se me escapó un tiro de la carabina, tratando de romper el cristal, y no le volé la cabeza de milagro.

Era tan corto el tramo que doblamos por 25, y yo le dije: Acelera y vamos para llegar rápido. Quién iba a pensar que en tan corto espacio de tiempo iban a matar a José Antonio.

La sorpresa y la fuerza del ataque asestado es grande. La guarnición de Palacio va replegándose hacia los pisos superiores. Una ametralladora calibre 30 queda inutilizada en el patio. En la planta baja continúa el intenso tiroteo. Al segundo piso llega un grupo de combatientes que se divide en dos. Por el ala izquierda, dirigidos por Carlos Gutiérrez Menoyo, van Pepe Wangüemert, Luis Almeida, Pepe Castellanos y Luis Goicoechea.

Cautelosos, toman por el estrecho pasillo al que convergen distintas puertas de oficinas que permanecen cerradas. Es el ala suroeste de Palacio. De pronto, una mujer asoma la cabeza y grita: ¡No disparen!, desapareciendo después.

Algo, que no atinan a saber, los detiene al final del corredor. Vuelven atrás en busca de algún pasillo que los lleve a las oficinas del dictador, situadas al otro lado del inmueble. Ahora una puerta les cierra el paso. De un puntapié la abren. Es la cocina y más allá, divisan el comedor. Por el pasillo tropiezan con dos sirvientes que traen una bandeja vacía en las manos: ¿Dónde está Batista?, interroga Carlos. Mudos de estupor los criados indican con las manos en dirección al despacho. Decididos los combatientes atraviesan el Salón de los Espejos hasta llegar a la doble puerta que da al despacho. La exterior está semiabierta. De un rafagazo, Carlos destroza la cerradura de la puerta interior. La abren, entran al despacho, pero ya está vacío. Sobre la mesa dos tazas de café aún humeantes evidencian la retirada presurosa del dictador.

Después de registrar minuciosamente, Carlos, Almeida, Goicoechea, Castellanos y Wangüemert retornan hacia el Salón de los Espejos. El resto del grupo se ha separado y ha tomado hacia la derecha, según el plan previsto. Acto seguido, buscan el pasadizo secreto, que según informaciones, une el despacho con las habitaciones del tercer piso. Ya en contra del reloj, pues han perdido la noción del tiempo, buscan sin resultado alguno.

Espesos cortinajes tapizan las paredes y enmascaran la puerta buscada.

Ante lo que parece irrealizable, salen, dirigiéndose a la escalera para tratar de alcanzar el tercer piso. El intento resulta fallido a causa del intenso fuego que reciben desde la azotea y los pisos superiores.

Alguien lanza una granada hacia arriba tratando de alcanzar a los que disparan, pero el dispositivo retorna y estalla a pocos pasos del grupo. Por suerte, se han guarnecido tras las columnatas del balcón y nadie resulta herido.

Apenas quedan municiones. Comprenden ahora que no queda más remedio que retirarse. Retroceden por el Salón de los Espejos, y abren algunas puertas que dan a la terraza norte. Desde allí disparan, disparan abiertamente, sin darse cuenta de la gran distancia que los separa de su objetivo.

Carlos tiene la ametralladora encasquillada y Castellanos los cargadores vacíos. El grupo de apoyo no aparece por ninguna parte.

FAURE CHOMÓN MEDIAVILLA:

«La sorpresa de nuestro ataque y la fuerza del golpe asestado por nuestro comando fue de tal magnitud, que, ante el fuego incesante de nuestras armas automáticas la guarnición se replegó. Se entabló fuerte combate en la planta baja; pero los defensores de Palacio fueron cediendo, huyendo hacia los pisos superiores. Una ametralladora calibre 30 quedó inutilizada en el patio. Los soldados habían sido barridos de la planta baja que mantenían, sin dejar de disparar, los compañeros asignados a la misma. Al mismo tiempo que esto se producía, otros combatientes alcanzaban la segunda planta, subiendo por la escalera que está por esa entrada. Ya en el segundo piso habían avanzado, divididos en dos grupos. Hacia el ala izquierda se dirigen Carlos Gutiérrez, Pepe Wangüemert, Luis Almeida, Pepe Castellanos y Luis Goicochea,[...]»[35]

Luis Adolfo Goicoechea* Quirós:
«Tomamos por el estrecho pasillo al que dan varias puertas de oficinas que estaban cerradas, dirigiéndonos a la esquina sureste del Palacio. Una mujer rubia asomó la cabeza fuera de una de esas puertas y gritó: "No disparen." Inmediatamente desapareció. Algo nos detuvo al final del corredor. Volvimos atrás buscando un camino que pudiera llevarnos hasta las Oficinas de Batista al otro lado del edificio. Se nos había suministrado un plano interior de Palacio; pero en el plano no aparecía una puerta que ahora nos cerraba el paso. Uno de nosotros disparó contra la misma y después le arrancó la cerradura a balazos. De un puntapié la puerta quedó abierta. Era la cocina y más allá estaba el espacioso comedor. Tres sirvientes de uniforme temblaban en un rincón. Sobre la mesa había dos tazas de café acabadas de usar. Mi primer impulso fue liquidar aquellos tres hombres. Estaba excitado. Los encañoné. Pero Carlos Gutiérrez me atajó: "No les tires", gritó. Los sirvientes nos informaron que hacía un rato nada más que Batista había terminado de almorzar y no sabían a dónde se había dirigido. "Cacheamos" a los tres y les dijimos que se refugiaran en un rincón. Me trepé sobre la mesa del comedor, salté al otro lado y desde allí lancé una mirada hacia la calle de Colón que me quedaba abajo. Era horrible el ruido que hacían los disparos que partían de todos lados. Volví a saltar sobre la mesa y con mis tres compañeros tomamos por el "Salón de los Espejos". El resto del grupo había cogido otro camino. Los cuatro que estábamos juntos ahora éramos: Carlos Gutiérrez, Pepe Castellanos y Luis Gómez Wangüemert. Almeida se había perdido de vista... De los cuatro que habíamos llegado en el carro de avanzada ahora estábamos juntos tres solamente. Y además Luisito Wangüemert, bravo como un león. Al final del "Salón de los Espejos" llegamos a la puerta de la antesala del despacho del aborrecido dictador Batista. Escuchamos voces excitadas dentro. Gutiérrez gritó: "Salgan con las manos arriba." La respuesta fue un tiro de pistola que hizo saltar en añicos los cristales

[35]Faure Chomón: *El ataque al Palacio Presidencial*, p.61.
*En las fuentes tomadas como testimonio para este libro, aparece el apellido Goicochea. La viuda de Luis Adolfo rectifica a la autora dicho apellido como aparece en esta edición: Goicoechea. (*N. del E.*)

de la puerta. Carlos preparó una granada y la lanzó por el hueco de los cristales rotos. No estalló. Probó con otra y ocurrió lo mismo. Las granadas estaban defectuosas. La tercera igual. A la cuarta se sintió la explosión. Instantáneamente franqueamos la puerta de entrada disparando nuestras armas. En el suelo había dos hombres muertos. El despacho estaba vacío. Tratamos de hallar un pasadizo secreto que, según nos habían informado, unía el despacho de Batista con sus habitaciones del tercer piso. Imposible lograrlo. El tiempo se nos iba de las manos. ¿Cuántas horas habían pasado desde que Carlos Gutiérrez disparó los primeros tiros? ¿Cuántos minutos? Habíamos perdido la noción del tiempo. Éramos una máquina de pelea funcionando a todo tren. Salimos del despacho y nos dirigimos hacia una escalera de caracol para tratar de llegar al tercer piso. Inútil. Desde la azotea y los pisos de arriba nos disparaban despiadadamente con ametralladoras y rifles. Uno de nosotros lanzó una granada hacia lo alto tratando de alcanzar a los que nos disparaban, pero el artefacto regresó como un "boomerang" y estalló a unos seis pies de donde nos hallábamos. A duras penas pudimos evitar resultar heridos guareciéndonos tras las columnas del balcón. Había que retirarse. Estábamos ya cortos de municiones. Regresamos por el "Salón de los Espejos" y abrimos unas puertas que daban a la terraza norte. Desde allí divisamos varios carros patrulleros y policías a pie que disparaban hacia Palacio desde la Avenida de las Misiones. Les hicimos fuego, pero nos dimos cuenta de que era inútil, pues los árboles les protegían. Aparte de que la distancia era apreciable. La ametralladora de Carlos Gutiérrez se había encasquillado. Castellanos tenía los cargadores vacíos. El grupo que iba a protegernos no había aparecido por parte alguna. Había que retirarse a toda costa.[...]»[36]

FAURE CHOMÓN MEDIAVILLA:
Los compañeros al salir a la terraza norte ven un barco de la Marina de Guerra que sale por la boca de la bahía y se estaciona en el mar frente a Palacio, como apuntándole. Los compañeros le hacen fuego no obstante la distancia. El barco se retira, pues lógicamente no puede hacer nada. ¿A quién dispararle?

[36]FAURE CHOMÓN: *El ataque al Palacio Presidencial*, pp.61, 62, 63.

JUAN JOSÉ ALFONSO ZÚÑIGA:

Los combatientes que subieron para la segunda planta, junto a Carlos, entraron en el mismo despacho del tirano. Intentaron subir hasta el tercer piso, pero no lo consiguieron. Ellos llegaron a tener bajo su dominio la segunda planta. Ya muchos habían caído, bien a la salida del camión o en el patio interior.

Yo me acuerdo que en medio del combate trato de pasar por el patiecito y cuando camino dos o tres pasos, de la azotea me tiran ráfagas que me pasan por al lado. Y entonces le digo a Norberto Hernández que quiero salir a ver lo del grupo de apoyo, que tenía que estar allí y no había nadie. Él empieza a rafagar y pasé por el patiecito aquél.

El tiroteo era ensordecedor, nos tiraban duro. Veo muerto, con los ojos muy abiertos, a Orlando Medina Cardentey, con quien había hecho la última guardia antes de salir al ataque. Yo salté por encima de Medinita y salí a la acera. Me acuerdo que yo miraba hacia Bellas Artes, hacia Prado, porque me habían dicho que el grupo de apoyo iba a venir por Colón, pero además se me ocurrió mirar hacia Zulueta, contrario al tránsito.

Los tres autos parten raudos. El acuerdo es encontrarse en la universidad, en la puerta de entrada en que muere la calle J y entrar juntos en el recinto del Alma Mater. Sin embargo, ocurre lo inesperado. Varios camiones que participan en las obras de construcción del hotel Habana Libre, en la misma esquina de 23 y M, entorpecen el tráfico creando el clásico cuello de botella que los obliga a separarse.

El auto de la vanguardia continúa por M hasta San Lázaro, y sus ocupantes logran entrar por la propia escalinata.

Echeverría va en el auto que conduce Figueredo. El carro sale disparado por M hacia arriba. En la misma esquina de M y 27 hay unos cuantos estudiantes y José Antonio les grita: ¡Viva la Revolución! ¡A la Colina! El tráfico entorpece la marcha debido a los ómnibus estacionados en la parada. Al fin, logran atravesar L y salir al costado de la Colina. Figueredo ve el carro perseguidor bajando a toda velocidad. Aguanta un poco la marcha, tira un timonazo y frena. Se produce entonces el choque con la perseguidora.

Todo ocurre en cuestión de minutos ante la mirada de los escasos curiosos que huyen buscando refugio seguro.

Simultáneamente al choque, el perseguidor da marcha atrás y abren las cuatro puertas. Dos policías armados van sentados delante y atrás otros dos con sendas ametralladoras.

Intrépido por naturaleza, José Antonio se lanza afuera y avanza, avanza disparando hacia la ventanilla del carro perseguidor. Avanza sin miedo, de frente a la misma muerte. Es su hora, piensa convencido, sin retroceder, disparando sin cesar. En la parte trasera del carro perseguidor, el policía, ametralladora en mano, riposta rápidamente. De repente, José Antonio siente que algo caliente lo penetra quemándolo por dentro. Sin poder evitarlo, cae al pavimento, se incorpora y continúa disparando por la ventanilla hacia adentro. La ráfaga la recibe abierta, de frente. Algo superior a sus fuerzas lo hace doblarse sobre sí mismo, la vista se le nubla por completo, su mente se desvanece, perdiendo la noción de sí. Cae de lado, rodeado de un gran charco de sangre.

José Assef Yara, *el Moro*:

Sabíamos que en L y 27 había una parada de ómnibus en el Hotel Colina, donde estacionaban varias guaguas a la vez y esto podía obstaculizar la retirada. Y así mismo fue. El tranque de guaguas, una tras otra. En la misma esquina de M y 27, no se me olvida, había unos cuantos estudiantes, a los que José Antonio arenga y les grita que vayan para la escalinata.

Al fin, pudimos atravesar L y ya en la esquina de la misma Colina, es que se produce el choque con el perseguidor. Al chocar, ellos dan marcha atrás y abren las puertas. José Antonio con ese ímpetu, con ese valor extraordinario, parte solo pa'arriba del perseguidor. Y se abalanza sobre la puerta y le da un tiro al chofer. Inmediatamente cae al piso, se incorpora para seguir tirando, pero una ráfaga lo fulmina. Ese combate lo libra José Antonio prácticamente solo.

Fructuoso y yo que salimos del carro por la derecha nos apostamos detrás de un poste de hierro que estaba en la casa del reloj, una casa que está frente al Colina, donde había un reloj por el cual los inspectores chequeaban la ruta de los distintos ómnibus que allí paraban. Fructuoso y yo vemos cómo José Antonio cae. Entonces, Fructuoso nos dice que vayamos para la universidad.

CARLOS FIGUEREDO ROSALES, EL CHINO:
Cuando llegamos a Jovellar, veo que el carro de la vanguardia rebasa Jovellar y sigue recto, debido, al parecer, al tráfico cerrado.

Yo doblo por Jovellar. Miro para alante a ver qué pasa, observando también el carro escolta que viene detrás. Me quedo solo. Yo tengo el control del carro, porque los muchachos van gritando sin atender el tránsito. Tengo que cuidar a José Antonio, pienso enseguida, y llegar al punto de destino sin problemas. Cubrirme lo mejor posible.

Cuando llegamos a L había tremendo tranque, pero los ómnibus se quitan. Yo paso veloz y al doblar por la Colina veo venir al perseguidor por el costado de la universidad. Venía bastante rápido. Yo sabía que ellos traían ametralladoras alante y atrás. Aguanto la velocidad, tiro un timonazo, freno y chocamos de frente. Ellos tiran una ráfaga que atraviesa el parabrisas.

Fructuoso exclama una mala palabra y ordena tirarse a tierra. Cuando caigo al piso veo a José Antonio corriendo hacia el patrullero, apuntando al tipo que está atrás. Así vemos cómo lo ametrallan. Joe queda noqueado ante eso. No atina a nada. Yo meto la mano en el gatillo y empiezo a disparar con su fusil. Entonces, Fructuoso me quita la carabina y dice: A la Colina.

FAURE CHOMÓN MEDIAVILLA:
Nosotros estimamos que la acción de Reloj sería simultánea a las demás, pero fue la primera.

José Antonio después de ejecutada la acción de Reloj, iría hacia la universidad para dejar instalado allí a parte del destacamento que lo acompañaba y garantizar el control de lo que sería la sede de nuestro Estado Mayor. Es entonces, cuando se produce la sorpresa. La perseguidora se interpone en su camino y reacciona atacando lleno de ardor y coraje. Aquel obstáculo que podía haber esquivado, o dejado a otro, no lo perdona, no quiere que nadie se interponga en la misión que él mismo se ha dado y arremete sobre él, para caer en combate al lado de los muros de ese gran símbolo de la Revolución que es la Universidad de La Habana.

FRUCTUOSO RODRÍGUEZ PÉREZ:

«[...]El Gordo cayó como un valiente. Con desprecio absoluto de su vida avanzó sobre una perseguidora y les disparó por la ventanilla. Cayó al suelo y volvió a pararse sobre sus rodillas y sacando un revólver (que le había quitado a un soldado) volvió a tirar por la ventanilla para dentro: en ese momento una ráfaga de ametralladora lo remató.»[37]

Avanzando por el ala derecha de la segunda planta del Palacio van Menelao, Carbó, Machadito, Briñas, Adolfo Delgado, Esperón, Evelio Prieto, Ubaldo Díaz y Abelardo Rodríguez, quienes disparan hacia la guarnición que los tirotea sin piedad desde el tercer piso.

Menelao dispara incesantemente. Delgado y Esperón, parapetados en el pasillo que da al patio responden con sus M1, mientras Machadito lanza varias granadas hacia donde están atrincherados los soldados. Acto seguido les lanza algunos cartuchos de dinamita, que al explotar provocan el desconcierto entre el enemigo, al punto que suspende el fuego momentáneamente.

Por su parte, Abelardo y Osvaldo van de un lado a otro, en busca del enemigo que se escurre acobardado. Es intenso el tiroteo y el ruido ensordecedor. Esperón y Delgado caen uno junto al otro acribillados, y Machadito es herido en un muslo. Una lluvia de balas intermitente y pertinaz rechaza en las paredes haciendo añicos los cristales. Menelao sentado en el suelo, se siente desfallecer, aparentemente está herido.

Mientras, el grupo que comanda Carlos ha avanzado por el ala izquierda y hace contacto con el de la derecha. ¡Viva el Directorio!, gritan todos a la vez, y para sorpresa de algunos, escuchan un ¡Viva Batista!, que parte de los soldados acantonados en la azotea, lo que evidencia que el dictador se encuentra bajo custodia.

En medio de la confusión, prosigue el combate palmo a palmo, y Carló, ametralladora en mano, continúa disparando a pesar de encontrarse herido.

Asimismo, Wangüemert corre de un pasillo a otro, haciendo sonar insistente su M2. Con la cara y la camisa manchadas de sangre debido a

---

[37]FAURE CHOMÓN: *El ataque al Palacio Presidencial*, p.50.

la fragmentación de los cristales, escucha claro el timbre del teléfono en el despacho del dictador.

Sin pensarlo dos veces, descuelga. Alguien no identificado, pregunta si es verdad que mataron al presidente.

Él, como un rayo, responde: Sí, le habla un miembro de la milicia armada del Directorio. Acabamos de tomar Palacio y hemos matado a Batista.

FAURE CHOMÓN MEDIAVILLA:

«[...]El otro grupo, con Menelao, Carbó, Machadito, Briñas, Adolfo Delgado, Esperón, Evelio Prieto, Ubaldo Díaz, Abelardo Rodríguez... ha avanzado hacia el ala derecha, en idéntica operación al primero y entabla combate con la guarnición, que, desde el tercer piso les hace fuego. Menelao dispara incesantemente y se mueve con la misma agilidad que el más joven del grupo. Delgado y Esperón, parapetados en el pasillo que da al patio, contestan haciendo funcionar continuamente sus M-1, a los que les disparan desde los pisos superiores. Machadito lanza varias granadas contra esos pisos, donde los defensores se han atrincherado. Seguidamente, toma unas bombas de siete cartuchos de dinamita que habíamos llevado por si era necesario abrir alguna puerta, enciende sus mechas y, uno a uno, se los lanza también. Cuando estas bombas explotaban, sacudían todo el Palacio, haciendo un ruido tremendo y provocaban que la guarnición de Batista suspendiera el fuego, desconcertada. Después pudimos conocer que se creían que se les estaba atacando también con un mortero. Una de aquellas bombas dio contra una columna y rebotó a los pies de Machadito, no explotando por suerte; igualmente le sucedió a Carbó, que lanzó una granada al interior de un cuarto, que era de cristal y madera, dándose cuenta·después de haber soltado la granada, que tampoco estalló, pues de lo contrario le hubiera matado. Abelardo y Oswaldito aparecían y desaparecían dé un local a otro, sin cesar en la búsqueda del enemigo, que huía acobardado. Esperón y Delgado caen muertos, uno junto al otro. Machadito es herido en un muslo. Las balas rechazan en las paredes y hacen saltar los cristales hechos añicos. Menelao permanece sentado en el suelo, desfallecido, aparentemente herido. El grupo de Carlos, que ha avanzado por el ala izquierda, hace contacto con este otro y se identifican con el grito de "Directorio". "Viva el Directorio". Desde la azotea algunos soldados dan vivas al tirano, contestando a nuestros compañeros. Esto hace presumir también que Batista ha ganado ya la azotea, pues hasta ese momento la soldadesca ha permanecido en silencio. Carbó tiene un balazo en la planta del pie, que recibió al bajarse del camión con Tony Castell, León Llera y Machadito, debía disparar sobre el parqueo oficial que estaba frente a Palacio. Éste no pudo hacerlo, pues al tirarse del camión, recibió varios rafagazos que le hirieron, le arrancaron la Thompson de las manos y le tumbaron los espejuelos, cruzándole varias balas tan cerca de la cabeza, que le dejaron trazadas varias quemaduras en el rostro. Carbó había quedado sin saber qué hacer y con escasa visión, por la pérdida de los espejuelos, pero en ese momento había escuchado el grito de Carlos diciendo: "Adelante, compañeros, que esto es nuestro", y había corrido hacia el interior de Palacio, donde se hizo de otra ametralladora. Aunque podía caminar, era un herido más. Wangüemert corría de un sitio a otro y hacía funcionar su M-2 contra los defensores del dictador. Tenía la cara y la camisa llenas de sangre, posiblemente debido a los fragmentos de cristal que, al saltar por los disparos, podían haberlo cortado. Wangüemert era un combatiente entero, un verdadero revolucionario que sabía utilizar el pensamiento y la acción. Por eso, cuando sonaba el teléfono, dejó de disparar con su arma y atendió aquella llamada. Le preguntaron si era verdad que habían matado al "presidente", a lo que contestó seguidamente: "Sí; le habla un miembro de la milicia armada del Directorio. Acabamos de tomar Palacio y hemos matado a Batista." Aquella contestación tenía el mismo valor que si fuera cierta, pues la llamada podía ser de Columbia, de un general o un ministro de Batista; por tanto, a consecuencia de aquella contestación podía paralizarse toda ayuda al dictador o producir la huida de muchos de sus aliados, haciendo más probable la caída del régimen.».[38]

En la universidad el tiroteo continúa, mientras, el cuerpo de Echeverría yace en el pavimento en medio de un gran charco de sangre. El hecho los impacta, pero cada cual trata de sobreponerse y ripostar, algunos parapetados tras el poste de hierro. Minutos después todos se reúnen.

[38]Faure Chomón: *El ataque al Palacio Presidencial*, pp.63,64.

Empiezan a desplazar las armas: una Browning calibre 30 cubre ampliamente la escalinata y el acceso a la calle San Lázaro, y una Marsden, queda instalada a la entrada de la Escuela de Ingeniería. Otra está situada en la azotea del edificio de la Escuela de Arquitectura. El fuego debe ser parejo para impedir el paso de las perseguidoras que intentan llegar a Infanta.

Julio A. García Oliveras:

Nosotros no presenciamos el tiroteo, porque cuando entramos en la universidad por J y atravesamos la calle donde precisamente muere José Antonio, yo no vi nada, ni el carro. Creo que aceleramos tanto que llegamos primero. Cuando llegamos a la Plaza Agramonte, lo primero que pregunto: ¿Y José Antonio? Y alguien que no recuerdo me contesta: No, no ha llegado.

Allí empezamos a desplegar el esquema de defensa previsto. Éramos alrededor de dieciocho hombres. Se habían concentrado en tres grupos: uno en la escalinata, otro para defender la puerta de J y el último por el lado del stadium. Allí no apareció nadie, ni una sola perseguidora. Se le disparó de lejos a algún policía que asomaba por Infanta. Yo le disparé a la guarnición del Príncipe.

Después llega Faure, herido. Cuenta lo sucedido. Nosotros sentíamos el tableteo de las ametralladoras de Palacio. Más tarde pasaron las tanquetas de Columbia. Pasaron por 23, las vimos desfilar. Trato de cambiar la ametralladora, pero no me da tiempo a disparar, pues ya la última pasaba por el costado del Hilton.

Carlos Alberto Figueredo Rosales, *el Chino*:

En realidad, yo no sé cómo yo tengo este tiro en la pierna, parece que rebota en un poste y me hiere. Entonces, sigo como puedo y subo a la universidad. Ahí me dan la misión de combate. Joe y Héctor me curan con un vendaje improvisado. Yo no podía correr ni caminar. Y me siembran atrás, por la salida de la universidad. Aquí no puede pasar nadie y tírale a todo el mundo, me ordenan.

Tiré algunos disparos a discreción y la gente curiosa que merodeaba por allí desapareció al momento. Acomodé mis peines. Ahí estuve no sé qué tiempo, de verdad.

Al rato después, me llaman. Julio en la azotea de Arquitectura tiraba hacia la Avenida de los Presidentes. Héctor estaba en la escalinata con una calibre 30, tirando también.

Julio nos llamó. Llegó Faure, mal herido, blanco como un papel, con mucha sangre por el costado y me parece que en la pierna.

Preguntó por José Antonio.

José Antonio está herido, pero se lo llevaron, alguien respondió. Se lo llevaron, y ¿ustedes no saben si lo remataron?, preguntó perplejo. E inmediatamente empezó a depurar responsabilidades y a cuestionar cómo no habíamos acudido a rescatar el cuerpo, en caso de que estuviera muerto. A los pocos minutos se lo llevan de allí, porque necesitaba atención médica. Esperamos un rato más y después, Julio nos dice: Yo me responsabilizo con las armas largas. Déjenlas aquí. Cada uno salga por su vía.

Humberto Castelló Aldanás:

Todo el mundo tenía un área de defensa en la universidad. A mí me tocó junto a una ametralladora 30, en la escalinata, detrás del Alma Mater, que dominaba toda la acción que se produjera por la calle San Lázaro, famosa porque era por donde andaba la policía siempre.

Allí estaban conmigo el Chino Figueredo, Héctor Rosales y Joe, que eran primos. El grupo mío tomó la universidad enseguida. Llegaron todos los carros, menos el de José Antonio que se queda en la esquina. Nosotros permanecemos allí hasta largas horas de la tarde, esperando el desarrollo de los sucesos de Palacio.

José Assef Yara, el Moro:

Al llegar a la universidad encuentro a los demás compañeros que iban en el carro. Y le digo a Loeches, el primero con que tropiezo, lo que le ha sucedido a José Antonio. De inmediato, nos fuimos para el lugar asignado. A mí me tocó la posta de la calle J, con Pedro Martínez Brito. Julio estaba por Arquitectura y los demás en la escalinata.

Yo no sé el tiempo que había transcurrido desde el choque con la perseguidora, cuando vemos que Faure entra por la posta donde yo estoy. Con el M3 en la mano, venía herido, bastante mal. Recibo la orden de buscarle un médico y salgo con Martínez Brito. Ocupamos un carro que pasaba por allí. Al Calixto no podíamos ir porque nos conocían. Dejo un recado a un médico conocido. Todo eso llevó su tiempo. Y ya cuando regreso, la universidad está rodeada por la policía. Los compañeros habían salido cada uno por su cuenta.

En Palacio el tiroteo continúa. El fuego constante desde los pisos superiores no ha cesado y hostiga inmisericorde a los combatientes que aún se mueven en el segundo piso tratando de localizar la famosa puerta secreta, pero no dan con ella.

En medio de la balacera, Briñas cae con un balazo en el pecho. Mientras, Carlos sube por la escalera y se asoma al tercer piso. Regresa y conmina a los demás: Vamos, muchachos, ya estamos en el tercer piso, vamos.

Machadito, que se da perfecta cuenta de la situación y de la carencia de parque suficiente, le argumenta la necesidad imperiosa de refuerzos. Carlos asiente y acompañado de Castellanos dirige sus pasos por el pasillo hacia la escalera, a fin de reclamar ayuda de los combatientes que han quedado en la planta baja.

Sumamente confiado, Carlos no se percata de que se está exponiendo al fuego enemigo, que incesante castiga desde la azotea. Carbó lo ve y trata de alertarlo, pero ya es tarde: Carlos y Castellanos caen mortalmente heridos.

A pesar del tiempo en combate, las fuerzas de apoyo no aparecen. Evelio Prieto, también herido, tiene un balazo que le atraviesa la mejilla, impidiéndole hablar.

Ante la situación, los heridos y la supremacía del fuego enemigo, deciden dar la retirada. Machadito asume esta responsabilidad haciendo tabletear su ametralladora ante las mismas narices de los francotiradores del tercer piso, lo que permite pasar al resto de los combatientes por el pasillo y alcanzar la escalera que da a la planta baja. Juntos allí inician la retirada.

FAURE CHOMÓN MEDIAVILLA:
«Briñas cae, con un balazo en el pecho, en los brazos de Carbó, que lo lleva al lado de Menelao. Éste lo atiende pero Briñas muere inmediatamente. Carlos asciende por la escalera y se asoma al tercer piso. Regresa y dice: "Muchachos, ya estamos en el tercer piso, vamos."

Machadito, que ha hecho el recuento de la situación, se lo comunica a Carlos y le dice que son necesarios refuerzos. Carlos asiente y acompañado de Pepe Castellanos, se dirige por el pasillo hacia la escalera para reclamarlos a los compañeros de la planta baja. Pero lo hace con tal confianza, por su valor temerario, que no advierte que se expone al fuego del tercer piso. Carbó trata de detenerlos, pues por el lugar que va a pasar acaba de caer Briñas. Pero ya es tarde: Carlos y Castellanos caen atravesados por las balas. Carbó recibe también en sus brazos a Carlos y lo siente morir, oyendo sus últimas palabras, que son frases de indignación. Evelio Prieto tiene un balazo que le atraviesa la cara. La operación de apoyo no ha comenzado a funcionar, a pesar del gran tiempo transcurrido. Los compañeros heridos y ya casi sin parque, se consultan, considerando que la operación se ha perdido, por lo que se impone una retirada. Hay que cruzar por el mismo sitio en que han caído Briñas, Carlos y Castellanos. Machadito se impone y dice: "Yo cubriré la retirada; cuando comience a disparar, retírense todos rápidamente, yo seré el último", y con valor sin igual, emerge ante los franco-tiradores del tercer piso, haciendo tabletear su ametralladora en una ráfaga interminable, mientras todos los compañeros se deslizan por la escalera hacia la planta baja. Indudablemente que los batistianos no quisieron exponerse a la ametralladora de Machadito. Al retirarse por la escalera, los proyectiles de lo que parecía un arma de grueso calibre, arrancaban pedazos de pared, al paso de nuestros combatientes. En unión de los compañeros que quedaban en la planta baja, se inició la retirada. Al tomar todos en distintas direcciones, a Machadito se le perdió Carbó, por lo que volvió a entrar en el Palacio a buscarlo. Machadito fue un verdadero héroe del asalto a Palacio. Se retiró con Evelio Prieto y otro compañero por Monserrate, disparando a diestro y siniestro.

»En nuestro plan teníamos calculado que la retirada de Palacio, era imposible, si no funcionaba la operación de apoyo, y que todo aquel que lo intentara, no lograría caminar muchos metros vivo, cuando se separara de las paredes de Palacio. Y aunque algunos cayeron en este instante, otros logramos retirarnos, milagrosamente vivos.[...]»[39]

Armando Pérez Pintó:

«[...]Yo estaba en Colón y Zulueta más acá del hotel Regis, en el Parque América Arias, con Portela, cuando vi llegar las dos máquinas y

[39] Faure Chomón: *El ataque al Palacio Presidencial*, pp.65, 66.

119

el camión, y cómo Carlos Gutiérrez Menoyo barría la puerta. Entonces Domingo primero se sitúa para entregar las armas que estaban en el camión situado junto a La Tabacalera. Yo me dirijo, de acuerdo con lo convenido, a llamar a José Antonio Echeverria.[...]

»[...]Cuando regresé nos encontramos Domingo y yo en el parque. Los comandos para la operación de soporte no aparecían. Domingo había dejado el camión con la puerta entreabierta para facilitar la operación. Decidimos esperar. Los disparos de dentro se oían claramente. En una o dos ocasiones una perseguidora llegó hasta la misma esquina de Prado y Colón, pero regresaban.[...] Tengo que decir que hasta que llegaron los tanques, poco después de las cinco, la guarnición de Palacio no recibió ninguna ayuda exterior –y que los "valientes" esbirros de la Motorizada no se atrevieron a entrar en combate.

»En un momento, Domingo y yo oímos claramente dos explosiones. "¡Ya!", gritamos. Cayó el hombre, pensamos. Sabíamos que nuestra gente tenía dos o tres cartuchos de dinamita, preparados para tumbar la puerta del despacho de Batista. Las explosiones indicaban que los habían utilizado. Los habían utilizado, sí. Pero el sátrapa había huido a la azotea.

»Ya habían pasado como dos horas y veíamos que nuestra gente comenzaba a salir de Palacio y que eran acribillados desde la azotea, según salían. Nos encontrábamos impotentes, desesperados. Allí estuvimos hasta que vinieron los tanques y hasta después, hasta las siete de la noche, cuando nos fuimos, abatidos, desalentados, tristes, pensando que todos los compañeros habían muerto y que Batista seguía vivo.[...]»[40]

OSVALDO ANTONIO CASTELL VALDÉS, *TONY*:
Estábamos dentro de un fuego cruzado. Me acordé entonces de Bellas Artes, que formaba parte de la segunda operación. Crucé el parque Zayas, que era muy descampado, no había una matica donde guarecerse. Las balas caían como lluvia alrededor de uno. Disparaban desde la azotea de Palacio. Me dirigí hacia Bellas Artes, tratando de ganar distancia. Y me meto debajo de los carros que están parqueados, voy arrastrándome hasta la calle Zulueta. Allí me dirijo a la puerta del costado de Bellas Artes, pero la encuentro cerrada. Me doy cuenta que la operación de apoyo no funciona.

[40]*Carteles*: 15 de marzo de 1959, p.68.

Juan Gualberto Valdés Huergo, *Berto*:

Bajamos las escaleras y me encuentro a Medinita sentado en uno de los escalones de abajo. Tenía un balazo en el pecho, pero un balazo que parecía producido por una ametralladora calibre 30, porque por la espalda se le veía un boquete grande. Lo está atendiendo Pedro Ortiz y yo lo ayudo. Él nos dice: Déjenme, váyanse, que aquí no se puede recoger a nadie. Esa es la orden que hay.

Está casi moribundo, muy mal herido. Recojo una pistola de un policía que está muerto. Había afuera un compañero que se llama Evelio Prieto, que dirigía a la gente que iba saliendo. Nos decía: No se tiren ahora. Esperen, esperen a que pase la ráfaga.

Después de la ráfaga, aprovechábamos y arrastrándonos salimos del último piso. Y así salimos con vida.

Allí también vi a Machadito, gritando por Juan Pedro, desesperado. Yo tuve la suerte de tirarme por el suelo y salir vivo, porque otros cayeron. Cogí para el parque de enfrente con mi Thompson. Lo que nos tiraban era mucho, porque ellos se habían hecho fuerte en la azotea. Nos pusimos detrás de unos carros y lo que caía encima del techo de esos autos era una granizada de plomo. Nosotros ripostamos, ripostamos corriendo. Yo salí con Machadito, Evelio Prieto y un compañero que se quedó en otro lugar. No nos parapetamos, todo esto lo hicimos corriendo, corriendo tirábamos, y así cruzamos el parque. Machadito va con un tiro en una pierna y Evelio con uno en la cara que no le permitía hablar.

Manuel José Gómez Sartorio, *el Americano*:

Manolito me hace una seña de que lo siga. Voy detrás de él y de otro compañero que no me acuerdo el nombre. Salimos entre la guagua y el camión. Ellos cogieron para la derecha y yo para la izquierda, como cogiendo para Prado. Yo estoy detrás de la guagua. Sigo haciendo disparos hacia los pisos superiores y Manolito me dice que no dispare más porque voy a descubrir la posición. En eso arranca el ómnibus, atravesado entre la máquina y el camión, y prácticamente me van a dejar al descubierto, por lo que me agarro de los barrotes de la ventanilla. El ómnibus va hacia Prado por Colón. Miro y veo que viene avanzando por la misma dirección un grupo de soldados y un camión del que se tiran otros guardias. Inmediatamente pienso que no puedo seguir allí, porque voy hacia ellos y me van a tirar.

Jesús Soto Díaz:

Como el nuestro había otros grupos, uno comandado por un tal Aguilera, que después traiciona la Revolución. El día 13 se produce el asalto y todo lo supimos por lo que se escuchó por el radio. Nosotros no teníamos a dónde ir. La gente quería ir a Palacio y ver la posibilidad de incorporarse a las acciones, pero nosotros no lo permitimos.

En ese momento, a eso de las seis de la tarde, se recibe una llamada, que debíamos personarnos en una dirección en el Vedado, pero que era urgente, que fuéramos. Yo le contesté: Vamos, si son las armas, las traemos.

La confusión es general. Las calles, habitualmente llenas de público, están desiertas. Por Galiano, los policías corren de un lugar a otro armas en mano, tratando de adivinar casi la dirección de los disparos. Apresuradamente cierran los comercios. Los ómnibus aceleran el paso y no recogen a nadie. Los pocos transeúntes, sorprendidos en la vía pública, tratan de conseguir un refugio seguro, sin saber a ciencia cierta qué ha sucedido.

En la universidad el grupo se mantiene unido, sin tener aún noticias de lo acontecido en Palacio. Faure llega herido, e informa de la acción, que no ha funcionado la operación de apoyo. Ya desde la Colina, aislados disparos se escuchan.

UNA RETIRADA A CUENTA Y RIESGO

Sin información concreta de lo sucedido y sin apoyo de ningún tipo permanecen aún los hombres esperando en la universidad. Son las cinco y media de la tarde. A esa hora, deciden analizar fríamente los hechos, la situación; para qué engañarse. Surgen discrepancias, criterios opuestos. Hay quienes proponen permanecer allí, resistir e inmolarse, pero la mayoría estima que debe procederse a la retirada, ganar tiempo y preparar condiciones para proseguir la lucha. Se decide terminar la operación y cada cual inicia la retirada por su cuenta y riesgo.

JULIO A. GARCÍA OLIVERAS:

Estuvimos dos horas en la universidad. En ese tránsito, como te dije, Faure llegó herido y luego salió. Allí esperamos un buen rato a ver qué pasaba. Hasta que decidimos salir. Yo me fui con Fructuoso y dos compañeros más: Armando Hernández y Lorenzo Morera, que era de Camagüey. Al bajar detuvimos un camioncito de las Cafeteras Nacional a punta de pistola. El chofer no quería soltarlo, pero al fin accedió. Allí nos acomodamos como pudimos. Yo iba manejando, bajamos frente al Calixto, cogimos por G y al llegar al monumento de José Miguel, entramos por 29 a toda velocidad. Y cuando habíamos caminado como media cuadra, vemos la perseguidora atravesada en plena calle. Dimos un giro, tipo película de Hollywood y nos alejamos. Pero, la policía no nos detuvo.

De ahí fuimos a la casa de la calle 6 donde nos reunimos con otros compañeros, con Faure y Fructuoso. Decidimos separarnos. Fuimos a parar a la Loma de Chaple, a la casa donde habíamos tenido escondidas las armas. Pasamos la noche en medio de sobresaltos.

José Assef Yara, *el Moro*:

Nosotros teníamos nuestras redes para comunicarnos. Aquel día cuando pierdo el contacto, porque la universidad está rodeada, me escondo en una casa donde vivían unos parientes lejanos de mi padre, por la calle Revillagigedo, y después busco refugio en casa de un primo de mi madre, que estaba construyendo en el reparto California. Cerca vivía la hermana de Pedro Martínez Brito. Posteriormente, me trasladan ya para la casa de una enfermera del hoy hospital González Coro, a quien conocían los enlaces. Ahí es donde me entrevisto con Faure. Recibo instrucciones. No sabíamos si podíamos volver a los apartamentos, porque desconocíamos si estaban "quemados". Por eso, cada uno buscó su refugio en aras de volvernos a reagrupar. Y es cuando se producen los acontecimientos de Humboldt 7. Ya ahí sí recibimos la orden de irnos por cualquier vía. Y es cuando nos asilamos en la Embajada de Costa Rica, junto con Pepín Naranjo.

Carlos Alberto Figueredo Rosales, *el Chino*:

Mi carro había quedado en la universidad, porque había llevado las armas, pero Armando Hernández, una vez que lo estacionó, botó las llaves, porque pensó que todos íbamos a morir. Suerte que yo tenía una copia. Lo arranqué y ayudado por mi primo Héctor manejé. Manejé muy poco.

Llegamos a I donde había una farmacia. Dejamos el carro parqueado cerca. De ahí entramos en una casa de huéspedes y ya los botines no me servían por la inflamación del pie. Me puse unos mocasines grandes de un muchacho que vivía ahí. Salimos para varios lugares, pero no era fácil encontrar albergue. Al fin tocamos en casa de un periodista que nos acogió pero de forma limitada, pues nos dijo que tenía dos correos de la Sierra.

Pasamos después para casa de Sarita, donde me curó Marcelo Plá y un muchacho cuyo nombre no recuerdo. Luego me atendió el doctor Primitivo Lima.

Estuve escondido en muchos lugares hasta que fui a parar a la finca del general Pedraza, donde me escondió un guardia que pertenecía al Movimiento 26 de Julio. Allí estuve casi veinte días, y de ahí pasé para el reparto Vieja Linda, en casa de unos parientes de mi mujer, hasta que salí para asilarme en la Embajada de Brasil. Retorné en la expedición del "Escapade", en 1958.

Estuvimos hasta ya entrada la tarde, esperando el desarrollo de los sucesos de Palacio. Los combatientes que están en las azoteas ven los tanques, los carros blindados. Faure trae noticias y llevan un herido grave para el Calixto. Yo estoy con mi ametralladora en mi puesto; no me puedo mover de allí.

Las horas siguieron pasando. Ya apenas se oían disparos. Nos reunimos en el Rectorado, el grupo de acción decide poner fin en ese momento a la lucha y tomar información de lo que ha pasado.

Yo estaba muy sudado, con una sed extraordinaria. Me voy junto con Enriquito. Nos tiramos del muro por la calle Ronda donde está la Escuela de Farmacia. Logramos llegar al apartamento donde vivía la mamá de Enrique. Nos metimos en el baño y nos arreglamos un poco. Salimos para la calle. Como yo me había quedado con las llaves de mi carro, tomé uno de alquiler y pude llegar hasta allí. Después nos reunimos con las mujeres nuestras. Y a Enriquito se le ocurre ir a avisarle a Wangüemert, que su hijo Pepe estaba en la acción. Éramos jóvenes y pedimos un trago en la barra del Capri. Allí dejamos a nuestras esposas y fuimos hasta la CMQ, hasta el mismo lugar de los hechos donde Wangüemert tenía un programa de comentario internacional. Y de ahí arrancamos para la revista *Carteles*. Y lo encontramos en la acera. Él sorprendido nos pregunta: ¿Y ustedes qué hacen por aquí? Y Loeches le dice: Mire, Wangüemert, su hijo participó en los hechos de Palacio. A lo que él respondió: Sí mi hijo estaba en eso, está muerto. Yo vengo del escenario de los hechos y allí no quedó nadie vivo. Váyanse rápido, no pierdan tiempo y defiendan sus vidas.

Esa noche la policía y el ejército desplegaron una gran represalia contra la población civil. Esa noche asesinan al doctor Pelayo Cuervo Navarro, en el Country Club.

Esa noche nos dieron albergue en el apartamento de un amigo mutuo, en el Vedado, ingeniero de la empresa eléctrica. Al día siguiente, me levanté y decidí regresar a San José, e inmediatamente abrí mi consulta. Todos me decían: Pero tú estás loco, cómo vas a ir allá

Yo estaba seguro de lo que hacía, era la única forma de mantenerme sin problemas en la clandestinidad.

Antonio Guevara Fournier:

A mí me dieron la orden de retirada, eso era ver cómo cada cual podía irse. Y entonces, yo me dije: Bueno, y ahora qué hago. Me puse el traje y salí a la calle, bajé, pero no tenía a dónde ir. Bajé por J y fui caminando hacia el Calixto. Fui para la casa de Delia Coro. Allí pasamos un susto porque al otro día se presentó un pariente de ella, que era policía. Pero ella, nos dijo: Escóndanse en el cuarto, y le abrió la puerta, lo abrazó y lo invitó a tomarse un café. El hombre no quiso ni pasar, le dijo que estaba muy apurado y se fue enseguida.

Yo seguí en la clandestinidad y me asilé en la Embajada de Costa Rica, donde hice labor propagandística. De ahí pasé a Tegucigalpa, Honduras.

De Palacio van retirándose los hombres bajo el fuego incesante de las ametralladoras, víctimas de los francotiradores situados en los pisos superiores. Algunos van heridos, o mueren en plena retirada; otros son asesinados. No hay prisioneros. Todos están muertos en el lugar de los hechos o en sus alrededores. Esa noche la represalia es brutal, sin límites. Días después continúan apareciendo cadáveres. El método sangriento de la tiranía se reitera tras haberlo aplicado cuatro años atrás con los supervivientes del ataque al Cuartel Moncada.

Enrique Rodríguez Loeches:

«[...]De una u otra forma murieron, entre los asaltantes, el obrero eléctrico Luis Felipe Almeida; Norberto Hernández; los obreros del transporte Pedro Nolazco Monzón y Enrique Echeverría; Ángel Salvador González y Eduardo Domínguez Aguiar, obreros de 50 y 56 años de edad respectivamente; los estudiantes de comercio y trabajadores del mismo ramo Pedro Zayden y Celestino Pacheco Medina; el contador público recién graduado Pedro Téllez Valdés. Y además: Ramón Betancourt, Mario Casañas, Salvador Alfaro y Carlos Manuel Pérez.

»Por referencias de Carbó, Machadito, Castell, Goicochea y Juan Valdés y otros supervivientes, principalmente por los dos primeros, pudimos conocer después del día 13 en qué lugares resultaron heridos o hallaron la muerte el resto de nuestros compañeros. Así se supo, por ejemplo, que el benjamín de los asaltantes, Ormani Arenado, estudiante de arquitectura de 20 años de edad, y el veterano luchador camagüeyano Reinaldo León Llera cayeron heridos apenas habían descendido del camión en que fueron al ataque. Gerardo Medina recibió un tiro en el pecho tan pronto había comenzado a subir los primeros escalones que lo llevaban al segundo piso; sacó su pistola y comenzó a disparar contra los soldados de la planta baja. Eduardo Panizo, un joven de madre mejicana y padre cubano, agonizaba en la puerta de entrada en los momentos que Carbó se retiraba con Wangüemert. Machadito recordaba que Abelardo Rodríguez Mederos disparaba, ya fuera de Palacio, no lejos de donde estaba él con Juan Valdés y Evelio Prieto. Supone que murió cerca del parque "Zayas". Ángel Eros, con un tiro en la pierna, logró escapar. Fue el único superviviente de los cinco combatientes que aportaron Artemisa y Guanajay. Carbó nos dijo que ya desde el segundo piso había visto a Wangüemert con la camisa ensangrentada, sin precisar si era por estar herido de bala o, lo que es más probable, fuera sangre de algún compañero o de su propio cuerpo cortado por los cristales que saltaban por doquier. Logró escapar con Carbó dirigiéndose a toda carrera tratando de alcanzar el Palacio de Bellas Artes; pero seguramente fue herido mortalmente en este trayecto en que también Carbó recibió un peligroso balazo en el brazo que le pegó en una vena. Ambos se lanzaron al suelo por unos segundos protegiéndose tras la fuente principal que hay en el parque "Zayas". Al incorporarse para continuar la fuga le dijo Carbó: "¡Vamos!"; respondiéndole Wangüemert: "no puedo... sigue tú".[...]»[41]

JUAN JOSÉ ALFONSO ZÚÑIGA:

Al salir de Palacio, Olmedo que estaba gravemente herido, me pide que lo saque de allí, porque me dijo: Esos hijos de puta me van a rematar. Me agaché y le dije: Abrázate a mí. Lo cogí por la mano derecha y salí hacia afuera arrastrándolo completamente. Al salir me encontré con la máquina donde había ido Carlos. El tiroteo continuaba, porque ya ellos estaban a la ofensiva. Las balas daban arriba del capó. Yo trato de sentarme en el carro pero no tiene la llave puesta.

En esos momentos veo a Faure, herido, desarmado. Yo le digo: No hay llave para arrancar. mira a ver si puedes hacer un puente para arrancar. Entonces, a él se le ocurre coger la máquina donde él había venido, que tenía la llave puesta. La máquina estaba a unos metros, a la

[41]FAURE CHOMÓN: *El ataque al Palacio Presidencial*, pp. 75, 76.

izquierda del camión. Yo corro, cojo la máquina, la pongo al mismo nivel de la otra máquina. Faure se monta, yo le paso el M3, todo eso bajo las balas, mientras yo le digo a Ricardo que se monte. Pero, él me contesta que no, que no puede. Él, casi sin poder, se deja caer, y yo, sin bajarme, con el pie en el acelerador, le di la mano y lo senté al lado mío. Partí velozmente.

Yo me acuerdo que cuando llegué por Prado, por poco me como los leones. Llegué a Prado y San Lázaro y me encontré que la policía había cerrado la calle con unos tabiques de madera. Llegué y les dí con todas mis fuerzas. Volaron las tablas en el aire, y cogí por San Lázaro hacia el Vedado, porque Faure me dijo: Vamos para el Calixto García.

Faure se bajó, yo también. Él se lleva el M3.

Después, volví al carro. Veo que está agujereado por las balas. Pensé: "Mejor es irme a pie." Prendí un tabaco, me serené. Me percato entonces que todavía tenía una granada en la cintura, me quité la granada, el chaleco, lo dejé en la máquina y me saqué la camisa por fuera. Noté que tenía el muslo manchado de sangre, y me saqué la camisa para que no se me notara. Me tiré por el barranco donde hoy hay un refugio. Me tiré por ahí. Atravesé el monumento, cogí por F y fui hasta la casa de Arnaldo Aguilera, un compañero que yo sabía había conspirado.

Cuando bajo por F me encuentro con un policía que me venía mirando, caminando hacia mí. Pensé: "Ya me vio." Entonces, cogí la pistola en la mano, le pasé por el lado y me viré de espaldas esperando que él también se virara. Pero cuando el hombre me superó, aceleró y pasó, y se alejó. Yo estaba dispuesto a entrarle a tiros.

Faure Chomón Mediavilla:

Le fui indicando a Alfonso las calles por donde coger, no ya por el conocimiento de las calles, sino por la experiencia que tenía de las manifestaciones estudiantiles y donde se situaba la policía, así como su intuición en estos casos. Al llegar a Colón y Prado lo que había en la esquina opuesta, al otro lado de Prado, era un grupo de policías asomados detrás de las columnas mirando hacia Palacio, pero en posición inofensiva, más curiosos que como policías. Había detrás de los mismos algunos civiles. Les apunté con el M3 y éstos se cruzaron de brazos o miraron hacia abajo, en un gesto de neutralidad o de instinto de conservación. Al llegar a Prado, cerca de San Lázaro, se veía la marinería del Castillo de la Punta en supuesto plan de guerra, con una ametralladora

50 con un trípode alto apuntando hacia Prado, por o hacia la senda por la que venía el auto. Realmente no podían tirar, porque no sabían, no podían saber si aquel auto era de los defensores o de los atacantes del Palacio, y a quién respaldar. Este tipo de hecho fue típico del 13 de marzo.

Le dije a Alfonso: No entres por Malecón. Entra por San Lázaro. Llévate las barreras. Le aclaré que iríamos para el hospital Calixto García. Ya en marcha por San Lázaro nos cruzamos con un taxi que llevaba en la parte delantera a un agente de la tiranía embutido en el asiento delantero y sin gorra.

Más adelante, la casa de socorros con policías sin saber qué hacer. Le indiqué a Alfonso continuar por Jovellar, por ser calle estrecha con menos tránsito y más fácil de defender en caso de chocar con una fuerza enemiga más poderosa. Al llegar al hospital le indiqué seguir hacia los salones de cirugía, por conocer que en situaciones de grandes accidentes o choques con la policía, la dirección del hospital abría los salones y ponía cirujanos de guardia. Allí estaban médicos, enfermeras y camilleros parados en la puerta, que quedaron como paralizados al ver llegar el auto.

Los conminé para sacarlos del estupor, reaccionando dos de los empleados o camilleros, que rápidamente lo auxiliaron y cargaron al otro herido. Alfonso me dijo que se iba. Yo entré en los salones de cirugía. Después, fui a la sala Gálvez, que era la de ortopedia. Sin asistencia médica atravesé el hospital hasta poder brincar su muralla por la calle 27, donde me encontré con un oficial de la Marina de Guerra, al que exhorté a apoyar la Revolución. Seguidamente entré por la puerta de J a la universidad, después de alertar a los compañeros, que al parecer, disparaban sobre la misma.

ÁNGEL EROS SÁNCHEZ:
Nos empiezan a gritar que nos tenemos que retirar. Nos habíamos quedado solos y estaban matando a mucha gente. Cada uno empieza a salir de allí como puede. El problema era salir, salir afuera por la ametralladora instalada en la azotea, que fustigaba constantemente.

Goicoechea sale por detrás, se mete en una fuente que hay allí. A Menelao lo matan, hay distintas versiones. Yo salgo y me tiro debajo de la guagua, porque de la azotea estaban tirando fuerte. Ahí se me fue la pistola de la mano pero la recuperé. Salí entonces debajo de la guagua.

Salí hacia un café o un bar que estaba como cerrado. Paré un taxi y encañoné al chofer. Le dije: Dale, dale rápido, el tipo le dio.

La balacera era bestial. Una cosa increíble. A una cuadra más adelante, un policía detiene con la pistola en la mano el carro. Yo le digo al chofer que no pare, pero él para. El policía se va a meter dentro del carro, pero cuando me ve, le pregunta: ¿Estás alquilado? Y el chofer le dice: Sí, sí. El policía, blanco como la pared, se fue. Cerca de la calle Cuba y Merced, me bajé porque allí vivía una pariente de la vieja mía. Cerca de la iglesia de la Merced. Primero me metí en un bar, me limpié la cara y me peiné un poco, escondí la pistola. Yo llevaba un pantalón negro y un *jacket*, tenía un tiro a sedal y no se me notaba mucho la sangre.

Me metí en casa de mi parienta. Como yo soy de Guanajay, ella me preguntó extrañada: ¿Qué tú haces por aquí? ¿No has oído el tiroteo? Dicen que asaltaron a Palacio.

Yo entonces, le respondí: No me digas nada, que se me ocurrió venir hoy a La Habana y me cogió al tiroteo. No se lo que está pasando.

Ella tenía a los muchachos en la escuela y salió a buscarlos. Me dijo que entrara. Yo pasé al baño y en el botiquín cogí algodón y mercuro y me curé, pues no era gran cosa la herida. Me serené, salí y me senté en la sala.

Esa noche, estando cenando en el comedor, llegó de improviso un policía. Figúrate me quedé muerto. Pensé: "Ya me cogieron preso." Yo tenía mi pistola preparada. Pero, no. El hombre pasó a saludar. Entonces, mi prima le cuenta que yo soy de Guanajay y que me había cogido el tiroteo en la calle. Entonces, el hombre me dice: No, no, ni salga, ni salga a la calle, que la cosa está muy mala. Por la noche, ya tarde, todavía se oían tiros.

OSVALDO ANTONIO CASTELL VALDÉS, *TONY*:

Me doy cuenta que la operación de apoyo no ha funcionado. Estando parado en la calle Zulueta veo pasar una ambulancia con heridos. Allí dejé el fusil, que no era gran cosa, y me quedé con la pistola. Observé en la esquina otra ambulancia y veo camilleros que traían gente herida, y a una mujer también herida, y pienso que es una transeúnte, porque el fuego era de todas partes.

Rápidamente me dirigí a la casa de una tía que vivía en San Lázaro y Perseverancia. Eso fue como a las cinco de la tarde. Por la noche llegó

130

Machadito que estuvo allí conmigo. Después, nos vinieron a buscar y nos reagrupamos en el sótano de 19 con Faure y Fructuoso. Allí estuvimos días. También en otros lugares, porque tuvimos que cambiar de casa varias veces. Estuvimos en un apartamento en General Lee, que no tenía muebles. Para la vencidad esa casa estaba vacía, pero allí habíamos cinco personas escondidas.

Unos días antes de los hechos de Humboldt 7, le dije a la novía mía que alquilara un apartamento, y el 18 de abril salgo a revisarlo para irnos para allá. Cuando regreso no encuentro a nadie. Después, supe que Machadito quiso irse de allí, de General Lee, porque se había parqueado un carro patrullero en la esquina y Machadito planteó que iban a rodear la casa. Yo pierdo el contacto. El 19 hablo con un compañero que me iba a llevar a Humboldt. Quedamos en vernos a las doce del día, pero él no fue a la cita, y no llegué a ir para Humboldt. Nos mantuvimos en la clandestinidad, y se tomó la decisión de que todos saliéramos para el exilio. Yo fui para Miami donde estuvimos hasta que se organizó la expedición del "Escapade", en febrero de 1958, que regresamos cuando desembarcó por Nuevitas.

MANUEL JOSÉ GÓMEZ SARTORIO, *EL AMERICANO*:

Del ómnibus me desprendo y me dejo caer cerca del contén de la calle donde a poca distancia está el hotel Park View. Me parapeto detrás de una columna del portal para evitar los disparos provenientes de Palacio y también salgo de la línea de fuego de los que avanzan por el portal de la calle Colón.

Noto que tengo la camisa abierta. Parece que pierdo los botones al tirarme de barriga. Tengo la camisa y los zapatos manchados de sangre. Me quito ambas prendas y las dejo allí mismo. Veo una cerquita entre los dos edificios. Brinco y me dejo caer, y caigo en un patiecito interior del hotel. Entonces veo salir corriendo a tres personas hacia el elevador. Les hablo y les pido ayuda, les digo que no los quiero perjudicar, pero ellos no me responden. Toman el elevador y suben hasta el último piso, donde se queda detenido. Pienso que me pueden delatar. Hago un reconocimiento rápido, y veo un pasillito que parece una salida de servicio, con una puerta que da a la calle Colón. Miro por el huequito del picaporte, y veo ya un sargento con un Garand. Lo estoy mirando a dos metros de mí.

Retrocedo y entro por una puertecita que me queda a mano derecha. Es un bar. No hay nadie. Yo creo que a esa hora no había nadie en ninguna parte. Me tomo un trago de una botella que encuentro. Tenía mucha sed. Yo no había almorzado, y ya habían pasado horas. Cuando cojo la botella me doy cuenta que estoy dejando rastros de sangre. Parece que me herí al brincar el murito. Cojo entonces un paño que había allí y con una parte me envuelvo el pie y con la otra trato de borrar mis huellas, incluso, las que van al muro. Cuidadosamente las borro todas.

Tengo que salir hacia otro lugar. Me meto por el hueco del elevador y trepo por una reja, pero cuando la empujo me doy cuenta de que está suelta. Esa reja daba a un especie de cuarto de servicio, donde había muebles, enseres. Por allí me colé y volví a poner la reja en su sitio. La única salida era la puerta que yo vi con el candado puesto. Hago otro reconocimiento y observo el cielo raso, un falso techo que va por encima del *lobby* del hotel. Había un muro, una tela metálica y por unas persianas lo veía todo. En penumbra porque no había luz. Volví para la puerta aquella a escuchar. Se oían voces. El elevador seguía en la planta alta.

Me introduzco por encima de las tuberías que dan a una placa volante donde había un motor, y es allí detrás del motor que me escondo. Ahí estuve horas sin camisa, pasando tremendo frío. Horas y horas. Siento cuando llegan los soldados, cuando reclaman la presencia de la dueña del hotel porque tienen orden de hacer registros en los edificios colindantes al Palacio.

Como estoy casi encima del bar, escucho los comentarios de los soldados, alegrándose de no haber tenido problemas. Ahí me pongo a esperar. Todo fue cayendo en una calma completa. Yo sentía un olor a sangre, a pólvora. Tenía una sed tremenda. Me acuerdo de Mario y de otros compañeros caídos.

Pasado algún tiempo me decido a salir porque no podía esperar a que llegaran los empleados. Con cuidado empiezo a registrar. Encontré una estopa y con ella me limpio los brazos. Al fin encuentro un pantalón de mecánico y un par de tenis de loneta azul que me venían bien. La camisa me quedaba holgada y el pantalón corto, pero me lo acomodo como puedo. Tomo un papel y hago unas anotaciones como de medidas con un lápiz que había allí. Cogí un metro, una espátula, y me los coloqué en el bolsillo trasero.

A eso de las cinco de la madrugada decido bajar por el hueco del elevador y en una pilita me enjuago la cara y las manos. Por el mismo pasillo salgo a la calle Colón, y en vez de doblar por el portal, voy hacia la acera para no hacerme sospechoso. Cuando doblo a la izquierda veo a tres guardias con sus cascos y fusiles. Están de espaldas a mí: uno en el centro y los otros dos en las aceras. Yo me dirijo hacia ellos y casi llegando, el de la acera opuesta me ve. Entonces me dejo caer para la calle y digo: Permiso. Y paso. Y empiezo a atravesar la avenida que da al Prado, pensando en que si me dan el alto o si oigo rastrillar de armas, correr y brincar el muro del Paseo. Ya casi había burlado el cordón que el ejército tenía montado.

Me metí en el Prado y en la primera cuadra doblé a la izquierda. Llegué al barrio de Colón, seguí y finalmente llegué a Neptuno, donde cogí una guagua y fui cerca de donde yo trabajaba. Allí me cambié de ropa y localicé a algunos compañeros. Pasé a la clandestinidad. Y un buen día me tropiezo con una gente del que se decía era chivato, y me ofrece sacarme de polizón. Yo le digo que sí, y quedo en verme con él al día siguiente. Pero fue él el que no ve vio más. De allí salí para Oriente, hice contacto para alzarme en Mayarí Arriba. Estando en Gibara me detienen porque soy el nieto del general Sartorio. Mi abuelo había sido general del Ejército Libertador. Me interrogan pero no me pueden probar nada. Yo respondía la verdad, todo, donde yo vivía, pero es que allí yo no conspiraba. Yo tengo justificación para estar en Gibara porque allí vive mi familia. Después, salgo para Las Villas y comienzo a trabajar en una obra de construcción en la playa La Boca. Pero me accidenté al día siguiente. Y de casualidad tropiezo con un casquito que me reconoce. Me dice, que no, que él es un hombre, como diciéndome que no me preocupe, que no voy a tener problemas.

Trato de que me den el alta. Y empiezo a trabajar en un lugar donde hay un hombre que alquila caballos. Los alquilaba hasta fiao. Le alquilé, pero el hombre sabía, y me decía hasta dónde podía llegar con el caballo. Había un límite y de ahí no podía pasar. Y con el segundo caballo que alquilé me alcé en el Escambray. Me interceptó una tropa rebelde y me llevan para el campamento Dos Arroyos, campamento general José Antonio Echeverría, del Directorio Revolucionario. Eso fue en julio de 1958.

Juan Gualberto Valdés Huergo, Berto:

Salimos de Palacio, Machadito, Evelio Prieto, otro compañero y quien le habla. Alguien pregunta quién sabe manejar y yo me brindo. Paramos un carro, pero me meto por una calle contraria y choco con una guagua. Dejamos esa máquina y cogemos otra. En ella el hombre que va manejando, nos dice: Yo los llevo a ustedes donde quiera, aunque me maten.

Era el dueño de una imprenta. Nos llevó a un edificio en el Vedado, a una casa que nos orientó Evelio con señas, porque él no podía hablar. Era del magistrado Elio Álvarez. Allí dejamos a Evelio, en la segunda planta. Ahí me cambié de camisa, porque estaba todo manchado de la sangre de Medinita. Yo estaba herido, tenía un fragmento de granada en un costado pero podía caminar bien.

Le habíamos quitado la llave del carro al hombre por cuestiones de seguridad. Él nos dice que les dejemos las armas, que las va a guardar. Se las dejamos.

Machadito quería que yo siguiera con él y me dice: Guajiro, ven conmigo que yo tengo un lugar para quedarnos.

Pero yo no quise. Le dije que yo conocía a una gente ahí donde podía esconderme. Me quedé con la pistola y una granada, no sé para qué, porque esas granadas no servían para nada.

Machadito y yo salimos en la máquina y me dejó en la Calzada de Monte y Fernandina. Serían ya las siete u ocho de la noche. Fui a una fábrica donde trabajaba un amigo mío, y le cuento que me ha cogido en La Habana el tiroteo de Palacio, y que necesito pasar la noche. Él me da las llaves de un cuartico que quedaba atrás, en la misma fábrica.

A la mañana siguiente fui para la calle Monte. Yo llevaba unos quince pesos y quería comprarme un pantalón, cuando aquello un pantalón costaba dos o tres pesos. En una tienda compré un pantalón caqui y en el probador me cambié y me quedé con mi pistola y la granada. No había caminado ni tres cuadras cuando veo dos jeeps del ejército, haciendo un registro. ¡Figúrate! Tremendo susto que pasé, pero les pasé por delante y llego a un bar y le pido a un chino dependiente un trago doble de ron. Me lo tomo y le digo que me guarde el paquete que después lo voy a recoger. Más nunca me vio el pelo.

No sé ni por dónde me metí. Sé que cogí una 35, pero en lugar de ir directo para Pinar, me bajé en Guanajay, y cogí una guagua que hacía un recorrido por Bahía Honda y Cabañas. Yo me siento atrás. La guagua va casi vacía. Entrando al pueblito de Las Pozas sube una pareja de guardias, que se sienta detrás del chofer. Yo voy sigiliao, pensando, porque a veces veo que miran para donde yo estoy. Pienso: "si vienen para acá, los voy a matar". Yo ya tenía la pistola preparada.

Pero no. El carro para en Bahía Honda para merendar. Ellos bajan por delante y yo por atrás. Por suerte, me encuentro con uno que le decíamos Picolino, que era de Pinar. Y yo en voz alta me pongo a conversar con él y le digo que iba a Guanajay a ver a mi familia. Entonces, los guardias no montan más en la guagua.

Cuando llego a Pinar voy al restorán que hoy se llama La Casona. Un chofer de allí me dice que ya en todo Pinar se sabe que yo estaba en lo de Palacio. Tomo un carro de alquiler y fui a parar a la casa de Alejandro Rojas, por la carretera de La Coloma. Él tuvo que sacar a su familia para poder esconderme, porque si me iban a buscar, no quedaba nadie vivo. A él le decíamos el bombero, porque era mecánico de refrigeración, y en su casa se hicieron casi todas las bombas que se pusieron en Pinar.

Allí me escondí unos días. De ahí salí para La Coloma, donde Armando André me sacó en un esponjero por un mes y pico. Del esponjero vengo para Pinar, a ver a Izquierdo. Después, fui para el Cabo de San Antonio y de ahí para una finca por Viñales. En 1958 viro para La Habana y me integro a una célula del 26 de Julio con la que hicimos varios atentados, entre ellos el de Guas Inclán. En agosto o septiembre de ese mismo año salgo hacia Cozumel para aclarar un problema que había con un efectivo que se había entregado para compra de armas, y no se sabía nada ni del efectivo ni de los hombres. Cuando regreso me incorporo a las guerrillas al mando del capitán Raúl Fornell en la Cordillera de los Órganos.

Jesús Soto Díaz:

Nosotros no sabíamos qué hacer. Fuimos a una dirección por el reparto La Sierra y notamos que había una situación bastante anormal. Estaba ya oscureciendo y vi mucha gente en la calle, asustada, como que había pasado algo. Llegamos a un apartamento en un tercer piso, un lugar muy visible. Resultó ser la casa del magistrado Elio Álvarez, de la Audiencia de La Habana. Nos abrió la señora y nos dijo: Pasen, pasen.

Cuando vamos a la habitación de atrás, vimos a Evelio Prieto con un balazo que le había desbaratado la mandíbula, y tenía una gran inflamación, y al lado un cubo donde había echado sangre abundante. No podía hablar, sólo por señas. Yo quise ver si estaba herido grave. Le quitamos la camisa y no tenía un solo tiro. Estaba bien, se sentó. Conversamos por señas. Me di cuenta que estaba lúcido. Entonces, le dije: Te vas con nosotros o nos vamos a buscar un médico. La mujer no quiso que se fuera, porque el barrio estaba muy alborotado, pues él había llegado allí con Machadito, y había subido regando sangre por todas partes.

Tomé la decisión de salir en busca de un médico y fuimos a buscar a uno que estaba hospedado en el hotel, y al contarle cómo estaba Evelio, decidimos recoger instrumental en una clínica cercana. Salimos con plasma, medicamentos, con todo. Cuando llegamos allí de nuevo, notamos el barrio peor, ya no había nadie afuera. Notamos que la gente miraba por los postigos.

Al subir, la mujer nos pidió de favor que nos fuéramos, que el SIM se acababa de llevar a Evelio y a ella la habían maltratado. El marido no se encontraba allí, pues según me dijo había ido también a buscar un médico.

Pensamos que al bajar caeríamos presos. Bajamos, tomamos la máquina y regresamos al hotel. Allí todavía estaba el grupo esperando, le informamos lo de Evelio. Ellos quisieron salir hacia Palacio, pero ya todo era inútil. Les dije que lo más lógico era regresar y restablecernos a la normalidad.

Todos regresamos a Bauta, pero Menocal chequeó la ausencia de los trabajadores y uno de ellos fue apresado en Pinar y delató. Eso fue cerca del día 26. Por esa denuncia, me detienen, me torturan terriblemente, a mí y a Pedro Gutiérrez. Nos llevaron para el SIM y nos tuvieron allí ocho días.

Amado Silveriño Carnero:

Yo crucé hacia la Habana Vieja, iba vestido de guagüero. Eso me facilitó salir de allí. Ahí mismo cogí un carro de alquiler y fui hasta la calle Egido, pero cuando caminé una cuadra, el tranque era tremendo. Lo dejé y seguí a pie y atravesé por el costado del Capitolio, buscando Zanja, buscando la ruta mía, así pude salir de allí.

El camión repleto de armas para la operación de apoyo se había quedado estacionado frente a La Tabacalera. Domingo Portela, que lo llevó hasta allí, se quedó esperando. Se quedó allí con todos los hierros adentro. Al otro día fue que lo recogieron.

ARMANDO PÉREZ PINTÓ:

«[...]Había que recoger el camión y sacar las armas de allí.[...]' Al otro día, por la mañana, a las siete fuimos Domingo Portela, el doctor Echevarría, y yo a recoger el camión. Ahí estaba, solo a media cuadra de Palacio, todavía con la puerta entreabierta y todas las armas dentro.[...] Había que seguir el trámite de decirle al policía de posta en la esquina que el vehículo que uno iba a retirar era de nuestra propiedad, pero la policía invariablemente lo registraba antes de entregarlo.[...] Decidimos jugarnos el todo por el todo. Domingo fue solo hasta el camión, montó en él y arrancó. Pasó junto al policía, que no dijo nada. Nosotros le seguimos en la máquina del doctor Echevarría.[...]»[42]

FAURE CHOMÓN MEDIAVILLA:

Después de los combates del 13 de marzo un comando del 26 de Julio rescata un camión con la mitad de las armas que abandonaron los jefes de la segunda operación de apoyo y cobertura, la que no ejecutaron. Y otro comando del Directorio Revolucionario rescata el otro camión con el resto de las armas.

Posteriormente, estas armas son enviadas a Fidel en la Sierra Maestra, las que sirven para el rearmamento del naciente Ejército Rebelde.

MARÍA DE LOS ÁNGELES PUMPIDO DE LA NUEZ, MERY:

El 14 de marzo, en horas tempranas, en una máquina de alquiler, me dirigí a casa de Teresa, pasamos por frente al necrocomio, allí vimos, al pasar, a los familiares y al público tratando de ver e identificar los cadáveres. Yo sólo sabía que José Antonio estaba muerto. Cuando escuché la noticia no lo quise creer, la angustia me apretó el pecho, pero al fin, me convencí, porque en realidad había gente que ya había visto el cadáver al costado de la universidad.

[42]*Carteles*: 15 de marzo de 1959, pp.68, 78.

En plena calle 27, el cuerpo de José Antonio queda de lado, rodeado de un gran charco de sangre, debido a la ráfaga de ametralladora que le siega la vida. Una ambulancia lo traslada al hospital Calixto García para certificar su defunción, y de ahí directamente a la morgue, donde permanece horas que parecen siglos para los familiares y amigos, que, ansiosos, hacen innumerables gestiones para recuperar el cuerpo.

A las tres de la tarde del 14 de marzo, acceden a entregarlo, no sin exigir determinadas condiciones para que, sin velorio, el entierro transcurra sin mayores consecuencias políticas.

Inexplicables dilaciones hacen que el cortejo fúnebre inicie la marcha hacia Cárdenas, ya caída la tarde, viaje que detiene varias veces el ejército para inspeccionar infructuosamente aquí o allá.

Horas después, en el más abrumador silencio y entre las luces apagadas de la ciudad, llega a las puertas del camposanto, donde ya el enterrador, un viejo conocedor de la familia Echeverría Bianchi, ha preparado la tumba.

Sin respetar el sufrimiento de sus más allegados, los vehículos son detenidos a la entrada del cementerio, tomado militarmente desde horas tempranas, bajo las amenazantes ametralladoras de la policía. Son pocos los que pueden bajarse y llegar hasta la bóveda familiar. A las nueve de la noche, bajo una luna llena, testigo mudo de los hechos, descansó el cuerpo en la tierra generosa que lo vio nacer.

Semanas después, fue colocada la siguiente tarja: "A José Antonio Echeverría, porque fuiste justo, honesto y valiente en medio del fango que nos ahoga, tus ideales puros serán interpretados y mantenidos en la lucha entablada por la justicia y la libertad que Cuba recibió de sus libertadores. Cárdenas, 26 de mayo de 1957. Tus coterráneos."[43]

FAURE CHOMÓN MEDIAVILLA:
El cuerpo de José Antonio quedó en la calle en medio de un gran charco de sangre. Una ambulancia lo recogió y lo llevó a la morgue. La policía no permitió velarlo por temor a que surgiera una manifestación. Le prohibió a la familia velar el cadáver. De la morgue sería llevado

---

[43] *Alma Mater*: enero-marzo de 1997, p.18.

hacia Cárdenas, su pueblo natal, donde sería enterrado en horas de la noche. Solamente acudieron los familiares más allegados.

JULIO A. GARCÍA OLIVERAS:

José Antonio como todo joven de su época vivió intensamente a pesar del tiempo que dedicó a la gesta revolucionaria. Tenía veinticuatro años, era un joven con inquietudes, jaranero, que gustaba tomar cerveza y oír a Benny Moré. Practicaba fútbol, entre otros deportes. Era muy aceptado entre las muchachas, porque aunque era de complexión robusta, tenía buena estatura y lucía bien. Por ser su compañero durante años, pienso que su imagen no puede idealizarse como para quitarle la parte humana y natural de su hombría y de su juventud.

La figura que trascendió de José Antonio en aquella época era la de un revolucionario de combate. Pero es hora ya de esclarecer su pensamiento político, porque lo otro sería considerarlo como un robot, es decir, una gente que se fajaba con la policía automáticamente.

En el plano político, José Antonio al igual que Fidel y otros combatientes, se sumergió en la lucha a partir del golpe de Estado del 10 de marzo de 1952, en primer orden por restablecer la legalidad y rescatar la Constitución de 1940.

Muy pronto, ya en el 53 y 54 José Antonio va a introducir el término de Revolución Cubana en sus discursos y arengas, lo que implica un cambio total en los aspectos político, económico, social y hasta psicológico para Cuba.

En ese concepto va implícito un cambio de sistema, concepto que queda insertado en el Manifiesto del Directorio Revolucionario, que sale publicado en *Alma Mater*. Ese concepto de luchar por el socialismo, para nosotros era equiparado al de justicia social.

Y José Antonio en sus escritos, en sus escritos publicados, habla de la planificación de la economía, del papel del arquitecto en Cuba en función de las necesidades sociales del país; y habla de la unión con el sector obrero, en particular el azucarero.

Habla también del imperialismo y tiene un discurso en el acto Contra las dictaduras de América, donde hace una crítica a la política imperialista, crítica que a su vez recoge el Manifiesto del Directorio.

La otra parte de su pensamiento está ligada a su ejecutoria como dirigente, a tenor de dos rasgos principales: primero el rasgo unitario, la meta más importante para los revolucionarios cubanos. Porque preci-

samente es lo que va a determinar en el Pacto del Zanjón, en el triunfo
de la Guerra de Independencia; lo que va a determinar en la crisis de la
pseudo república, y en la frustración del 30. O sea, para ser revolucionario había que ser unitario, a fin de evitar que se frustrara el proceso
revolucionario, y poder hacer frente a los enemigos, entre ellos, en primer lugar al imperialismo norteamericano. Y esa es la esencia por la
que se unen las fuerzas revolucionarias después de 1959.

Y el otro rasgo diríamos que es la línea insurreccional, esa línea
heredada directamente de la generación del 30. Porque todos llegamos
a la conclusión de que la única forma de tumbar a Batista era por la
insurrección armada.

O sea, que José Antonio, cuando cae, tiene un pensamiento conse-
cuente, unitario e insurrecionalista, que son rasgos estratégicos de su
lucha.

José Assef Yara: *El Moro:*

A José Antonio superarlo es imposible, imitarlo, muy difícil. Porque desde el mismo 10 de marzo sólo supo de los sinsabores del
clandestinaje, de los atropellos y de las torturas. Jamás lo vimos
malquistado ni con sus enemigos. Anécdotas podríamos estar narrando
todo un día. Jamás lo vimos pronunciar una frase en contra de nadie,
que no fuera contra la tiranía.

Sobresalía su actitud ante la lucha, su decisión, su valentía, su profundidad en el pensar y su autoridad. Todo ello lo hizo ser el compañero
más querido por todos nosotros, y el más respetado.

Yo creo que la sevicia batistiana no fue más cruel con ningún joven, que como con José Antonio. José Antonio no tenía otro lenguaje
que no fuera el del combate. Como todo joven, tenía su novia, pero la
visitaba cuando podía, porque era más el tiempo que estaba perseguido
y buscado que el que tenía libre. Los momentos de alegría fueron efíme-
ros en su vida.

Era un hombre despojado de todo tipo de ambición y de todo tipo
de aspiraciones. Sólo era su deber, el deber para con la Patria. El deber
de terminar de una vez por todas con el sistema tan injusto que durante
tantos años imperó en nuestro país.

Y pienso que su muerte, así como la de tantos compañeros, no fue
en vano. Que sirva de ejemplo a nuestra juventud, que en definitiva es
el relevo de la generación nuestra.

LO QUE PUBLICA LA PRENSA

El jueves 14 de marzo de 1957 el periódico Prensa Libre *publica en su primera página:*

ÚLTIMO MINUTO

ATACADO EL PALACIO PRESIDENCIAL

La Habana, marzo 13 (UP).– A las 3:25 de la tarde estalló intenso tiroteo en la manzana que rodea el Palacio Presidencial.

Los guardias del Palacio contestan al fuego que se les hace desde la calle.

Los elementos que hacen el ataque no han sido identificados. Todo el tránsito en las cercanías ha sido paralizado.

Los disparos que se oían desde las vecindades del sitio de los sucesos eran de ametralladoras y quizá si pequeños morteros.

Página 2

Un grupo de civiles no identificados atacó el Palacio Presidencial a las tres y veinticinco de la tarde y cuarenta y cinco minutos más tarde continuaba el tiroteo, que, hasta ese momento había causado por lo menos cinco muertos entre los atacantes.

Un amigo del presidente Batista, a las cuatro pasado meridiano, dijo que la operadora le pidió que llamara más tarde, pues debido al tiroteo no se podía establecer contacto con la persona que llamaba.

Agrega que los atacantes civiles llegaron en un gran camión y en un ómnibus. El camión llegó con diez jóvenes a un costado de Palacio y estos se bajaron corriendo hacia la ventana, entrando en el vestíbulo.

Los atacantes tomaron por sorpresa a la guardia presidencial.

Después de unos veinte minutos de tiroteo, la guardia disparó contra ellos cuando atravesaba la calle. Otros cinco se protegieron detrás del camión. Pronto la lucha se generalizó alrededor del Palacio. Agentes de la Policía subieron a la azotea del hotel Sevilla, en el centro de la zona de lucha. El cronista de U.P. vio caer muertos a cinco de los atacantes, entre ellos fue identificado José Antonio Echeverría, presidente de la F.E.U.

Cinco minutos más tarde se oyeron fuertes explosiones, como de bombas y fuegos de morteros. El grueso del fuego atacante, al parecer, había sido transportado por el camión, un vehículo rojo, que llevaba en un costado el cartel de Faz (sic) Delivery, S.A.

El cronista de U.P. desde atrás de una columna de cemento, casi desde su comienzo, presenció el combate y vio a cinco de los atacantes ponerse a salvo bajo una granizada de balas.

Dos civiles fueron matados mientras disparaban contra el Palacio, parapetados detrás del camión, desde el mismo lugar trataron de salvarse y dos de ellos lo lograron.

Los refuerzos policiales tardaron en llegar, pero una vez que arribaron se generalizó la lucha.

Los atacantes lanzaron muchas granadas de mano, pero sin precisión.

Rechazan el ataque

LA HABANA, marzo 13.(UP).– El Gobierno rechazó hoy un ataque lanzado contra Palacio por civiles no identificados que se presumen sean estudiantes, por su aspecto juvenil.

Aparentemente, unos veinte o veinticinco muchachos efectuaron el ataque, por lo menos siete atacantes fueron muertos y otros cuatro fueron apresados, según el cronista de la U.P. que presenció la lucha desde el comienzo.

La Habana, jueves 14 de marzo de 1957. Primera plana. Prensa Libre:

¡EXTRA!
EL ASALTO FRUSTRADO A PALACIO

Unos 40 hombres distribuidos por los alrededores de Palacio y en las azoteas colindantes, atacaron a la Guardia mientras almorzaban unos, y otros recibían instrucción de Academia, declara el Gral. Batista desde Palacio. El ataque fue detenido con rapidez y el estado del orden público es normal, añade el Jefe de Estado.[...]

En el mismo periódico se leen otros titulares:

TIROTEOS DISEMINADOS POR LA CIUDAD.– NUMEROSOS HERIDOS Y MUERTOS EN LOS CENTROS DE SOCORRO.– TOMADA LA UNIVERSIDAD DE LA HABANA POR LA POLICÍA.– FORMADAS LAS TROPAS EN EL CAMPAMENTO DE COLUMBIA.– REPORTAN TRANQUILIDAD EN LA CIUDAD MILITAR.– CANCELAN TODOS LOS VUELOS

Un pie de foto señala:

MENELAO MORA MORALES, UNO DE LOS JEFES DE LOS ASALTANTES, YACE MUERTO EN EL PISO DEL PRIMER CENTRO DE SOCORRO DE LA CALLE CORRALES, EN LA CIUDAD DE LA HABANA

El viernes 15 de marzo de 1957, en primera página, Prensa Libre *publica a grandes titulares:*

MUERTO A TIROS EL DOCTOR PELAYO CUERVO NAVARRO. APARECIÓ SU CADÁVER CERCA DEL LAGUITO, CON CINCO BALAZOS EN EL PECHO.– UNO DE LOS TIROS FUE SOBRE EL CORAZÓN.– DECLARACIONES DEL PARTIDO ORTODOXO.–

ESTIMAN EN 30 LOS MUERTOS EN EL FRUSTRADO ATAQUE A PALACIO. SE CREE QUE LOS HERIDOS SON UNOS 50.-- DETALLES DE CÓMO OCURRIERON LOS HECHOS.-- BAJARON LOS ASALTANTES DEL CAMIÓN DE UNA FLORERÍA.- SORPRENDIDO UN ÓMNIBUS DE LA RUTA 14 EN MEDIO DE LA BALACERA, CON LOS PASAJEROS DENTRO.-

Página 2
El ataque

Los datos recopilados por los reporteros permiten informar que el ataque se produjo exactamente a las 3 y 22 minutos de la tarde del miércoles.

De acuerdo con la versión recogida un camión pintado de rojo, grande, cerrado, con el rótulo de la florería "Fast Delivery", se estacionó frente a Palacio por la calle Colón, junto al Parque Zayas, a la hora indicada. El chofer del vehículo se bajó y fingiendo que tenía un fallo en el motor destapó el capó haciendo como que lo inspeccionaba.

Luego, caminó unos pasos hacia la parte trasera del vehículo y abriendo las puertas, gritó:

—¡Arriba, muchachos!

Inmediatamente comenzaron a salir del camión varios individuos –se estima que unos 25–, armados de ametralladoras y granadas, y abrieron fuego contra los centinelas que se encontraban en la puerta de Colón, matándolos.[...]

Uno ocho atacantes tomaron las escaleras hasta el segundo piso, donde se encuentra el despacho del Presidente, mientras[...] lanzaron tres granadas de mano contra ese local y abrieron fuego de ametralladora. En el interior de la mansión ejecutiva se generalizó un intenso tiroteo entre miembros de la escolta presidencial, los hombres de la guardia y los atacantes.

Mientras ocurría el ataque otros grupos de atacantes, que llegaron frente a Palacio en distintos automóviles se apostaron en el edificio de la fábrica de cigarros La Corona, el Palacio de Bellas Artes, el Hotel Sevilla Biltmore y otros lugares estratégicos para proteger el grupo que había penetrado en el Palacio Presidencial.

Ataque a Radio Reloj

Casi en el mismo momento en que se efectuaba el ataque al Palacio Presidencial, un grupo de individuos –cinco en total– penetraban en el local de la radioemisora "Radio-Reloj", en Radiocentro, y encañonando con sus armas a los locutores que estaban transmitiendo y al personal de la planta –periodistas, empleados y operadores– obligaron a los primeros a leer varios textos que llevaban y en los cuales anunciaban la muerte del presidente Batista, la detención del general Tabernilla y la formación de una junta civil y militar de gobierno, en el campamento de Columbia.

Luego, José Antonio Echeverría, que dirigía el grupo, arrancó al locutor Héctor de Soto, los micrófonos y comenzó a exhortar al pueblo a que se uniera a la revolución, diciendo, entre otras cosas que los ciudadanos debían dirigirse a la Universidad de La Habana donde le serían entregadas las armas.

Pero la trasmisión se cayó por los gritos del presidente de la FEU en los micrófonos al funcionar un mecanismo contra los ruidos fuertes. Echeverría y sus hombres abandonaron precipitadamente el local, pero al pasar frente al departamento del control maestro de la radioemisora CMQ y Radio Reloj, que funcionan en un mismo local, abrieron fuego contra los aparatos allí instalados.

Desde el cuarto piso del edificio de Radiocentro donde están los estudios de Radio Reloj, ganaron la calle descendiendo por las escaleras que conducen a la misma. En la planta baja hicieron varios disparos contra los cristales de la puerta central y luego abrieron fuego contra un vigilante de la sección de Tránsito al cual derribaron herido al piso. Los fugitivos abordaron un automóvil que los esperaba, y seguidos de otros dos autos huyeron por la calle M, en dirección a 23.

Muerte de Echeverría

Cuando la caravana cruzaba por 23 y L, en dirección a la Universidad de La Habana se cruzaron con un carro perseguidor que a toda velocidad se dirigía al Palacio Presidencial y los revolucionarios dispararon contra los policías.

La perseguidora ripostó el fuego pero continuó la marcha. Sin embargo a dos cuadras de ese lugar, en 27 y L, los tres carros de los fugitivos se enfrentaron con otra perseguidora y se produjo un encuentro entre los tripulantes de este carro y ellos.

Los individuos que viajaban en la máquina en que iba Echeverría se lanzaron del vehículo y en ese instante, el presidente de la Federación Estudiantil Universitaria, cayó abatido por una ráfaga de ametralladora. Sus compañeros corriendo y cambiando disparos con los vigilantes lograron desaparecer.

Al terminar la balacera fue hallado a poca distancia de Echeverría otro cadáver, el del vigilante de la Policía Universitaria, Mario Falber, quien vestía de paisano[...]

Generalizado el tiroteo en los alrededores de Palacio

Mientras, en los alrededores del Palacio Presidencial el tiroteo se había generalizado. entre los hombres apostados en el Sevilla, en la Corona, y en el Palacio de Bellas Artes, y la Fuerza Pública, que acudía en auxilio de la guarnición del Palacio Presidencial.

El grupo que había entrado en la mansión ejecutiva se mantuvo allí por espacio de unos 30 minutos, abandonando el local.

7 muertos en el segundo piso

En el Segundo Piso quedaron muertos 7 de los atacantes que lograron llegar hasta el mismo. El resto se replegó hacia el parque Zayas, pero en esos momentos se enfrentaron a una compañía de infantería de marina y fuerzas policíacas de la Sección Radiomotorizadas que habían sido despachadas hacia Palacio, algunos de los integrantes de este grupo se refugiaron detrás del mismo camión que los había llevado hasta el escenario del encuentro y parapetados en esa forma lanzaron granadas de mano contra la fuerza pública. [...] mientras que el resto huía por el centro del Parque Zayas, siendo muertos algunos por los tiradores de la guarnición[...]

La lucha frente a Palacio duró unas tres horas, aunque después se escuchaban disparos esporádicos y operaciones de limpieza.[...] En el Palacio de Bellas Artes y otros lugares por los alrededores se ocuparon armas así como numerosas granadas de mano[...]

Llegan los tanques

A los pocos momentos de registrarse el ataque al Palacio Presidencial el comandante Cosme Varas, ayudante Presidencial pidió de Colum-

bia[...] tanques y fuerzas de infantería. Asimismo acudieron en ayuda de
la guarnición palatina unos 35 carros
perseguidores y una compañía de
marina, que llegó en dos camiones.

Sábado 16 de marzo de 1957, Prensa Libre. Página primera. Titulares:

OCUPA LA POLICÍA 900 CARTUCHOS DE DINAMITA ESTABAN BAJO EL MAR, CERCA DE LA COSTA EN 1ra Y 64, MIRAMAR.-- TAMBIÉN OCUPARON 21 OBUSES PARA MORTEROS.-- OTRA OCUPACIÓN DE ARMAS EN MIRAMAR.-- IDENTIFICADOS TODOS LOS MUERTOS EN EL NECROCOMIO, MENOS UNO.-- 39 MUERTOS Y 55 HERIDOS POR LOS SUCESOS DEL MIÉRCOLES, DE ESTOS, 23 TRANSEÚNTES

Domingo 17 de marzo de 1957, Prensa Libre, primera página:

DEPOSITADAS TODAS LAS ARMAS OCUPADAS EN EL B.I.

Están incluídas las del asalto a Palacio; las que según informó la Policía fueron ocupadas en la Universidad y en 62 y 1ra Miramar.-- Hay 22 ametralladoras, 15 fusiles ametralladoras, 56 M-1, unos 17 mil tiros y otros efectos bélicos más.

En su edición del No. 11 del 17 de marzo de 1957, la revista Bohemia *publicaba el siguiente reportaje: "Los trágicos sucesos del miércoles 13"*

La tarde del miércoles 13 transcurría sin novedad. A las tres nada hacía presumir que la ciudadanía iba a vivir momentos de intensa emoción y que un impresionante saldo de muertes iba a agregarse a las ya incontables que se han producido en estos años de luchas fratricidas.

El centro neurálgico de los sucesos iba a estar esta vez en uno de los lugares más importantes: el Palacio Presidencial.

Los que circulaban por esa céntrica parte de la ciudad sintieron alarmados, disparos de armas de fuego que acrecían a medida que pasaban los instantes. La noticia, circulando de boca en boca, deformada y aumentada en el trasiego, corría ya como reguero de pólvora por toda la ciudad:

–¡Están atacando a Palacio!
–¡Han dado muerte a Batista!

Los más incrédulos notaban ya a muchas manzanas de distancia que algo pasaba en La Habana. En la calle Reina los miembros de la Secreta portaban armas largas; las perseguidoras corrían por una y otra calle, haciendo resonar las sirenas; en las estaciones de Policía se notaba un zafarrancho de combate y por toda la ciudad flotaba ya un aire de aprensión, de temor, de tragedia.

Por las calles aledañas a Palacio el ruido de los disparos indicaba que lo que se desarrollaba era una verdadera batalla campal. Los vecinos más curiosos se agrupaban en las esquinas cercanas y huían periódicamente en cuanto arreciaban los disparos.

Las noticias empezaban a filtrarse: era cierto lo del ataque al Palacio Presidencial. El hecho, que parecía increíble, había sido llevado a la práctica por un grupo de jóvenes que viajaban en un camión rojo, en varios automóviles y en un ómnibus, que se acercaron a la bien custodiada mansión ejecutiva aparentando la mayor inocencia posible. El camión se detuvo para reparar lo que simulaba ser una avería. Los soldados de la guardia apenas le dedicaron una mirada. Pero pronto tuvieron que concederle toda su atención. Del camión y de los autos emergía una veintena de jóvenes armados de fusiles y fusiles ametralladoras que disparaban sus armas, mientras las voces juveniles repetían consignas revolucionarias.

Ya los atacantes –prevalidos del factor sorpresa– se encontraban en el vestíbulo de Palacio mientras la guardia se rehacía y rechazaba la agresión. Se confundían las voces de mando con el tableteo de las ametralladoras y los gritos de los heridos.

La lucha iba a continuar por espacio de casi media hora. Los asaltantes luchaban dentro de la mansión ejecutiva con los guardias que llegaban de todas partes. El ataque había sido iniciado a las tres y veintisiete; a las cuatro menos un minuto el comandante Cosme Varas, ayudante presidencial, pedía refuerzos y acudían a Palacio camiones con marinos, numerosos agentes policíacos de las estaciones más próximas, una treintena de carros patrulleros de la Policía y los primeros soldados procedentes de Columbia.

Los atacantes, vista la superioridad numérica de los defensores, abandonaron Palacio y subieron corriendo para parapetarse detrás del camión que seguía estacionado en el lugar en que lo dejaron.

Al salir, tres de ellos cayeron sin vida sobre las baldosas del parque Zayas. Los que hallaron escudo en el camión empezaron a lanzar granadas de mano. De los que lo hacían, otros dos murieron por los disparos de la guarnición palatina.

El fuego no cesó por ello. Los atacantes se habían refugiado en los edificios cercanos, especialmente en el Palacio de Bellas Artes. Policías, marinos y soldados comenzaron entonces una labor de "limpieza", persiguiendo a los francotiradores. Los disparos proseguían y aunque a las cuatro y treinta se aseguraba que el ataque a Palacio había sido decisivamente rechazado, una hora después en la calle Consulado se escuchaban los disparos, unos aislados, otros en ráfaga y las puertas de los establecimientos, que habían sido bajadas a toda prisa en los primeros momentos, continuaban cerradas.

La alarma por radio

Mientras esto sucedía en las inmediaciones del Palacio Presidencial, otros acontecimientos de singular importancia se habían producido en la parte del Vedado en que están ubicados los estudios y oficinas de la CMQ y Radio-Reloj.

Los que tenían sintonizada esta última estación habían notado con sorpresa, a eso de las tres y cuarenta, que algo raro se producía en los estudios. La voz de uno de los locutores, rompiendo el ritmo de las noticias y anuncios, interrogaba a alguien: –¿Pero qué es esto?

La respuesta no llegaba a los oyentes pero segundos después el propio locutor daba una noticia de última hora:

–¡Radio Reloj reportando... Radio Reloj reportando... En estos momentos civiles armados atacan el Palacio Presidencial... Radio Reloj reportando: El presidente Batista acaba de ser abatido a balazos en el Palacio Presidencial..

El otro locutor leía un anuncio y su compañero volvía al micrófono para decir:

Nuestro compañero Luis Felipe Byron (sic) reporta desde Columbia que clases y oficiales acaban de relevar del mando del ejército al general Tabernilla!

Tras este anuncio inesperado, una voz joven que no era de ninguno de los dos locutores daba un grito que resonó en los hogares y donde quiera que se sintonizaba la planta de 23 y M:

–¡Viva la Revolución!–

Unos segundos de absoluto, de dramático silencio y una nueva voz llegaba a los oídos de los que ya estaban prendidos literalmente de los aparatos de radio:

–¡La Revolución ha triunfado, acaba de morir el dictador Batista y han sido relevados de sus mandos los generales que lo secundaban. Jóvenes oficiales y clases han destituido en la Ciudad Militar a los jefes afectos al dictador Batista...

Los oyentes que querían saber más no pudieron escuchar entonces sino como un forcejeo y una voz que decía:

–Los micrófonos no... ¡Estos micrófonos no los sacan de aquí!

Y entonces volvió a hacerse el silencio.

¿Qué había sucedido? Pasó algún tiempo sin que se pudiera explicar lo acontecido. Después se conocían los detalles. Un grupo de jóvenes habían irrumpido en las oficinas de la CMQ y en el estudio de Radio-Reloj. Encañonaron a los locutores y bajo la boca amenazante de la pistola el locutor Soto leyó aquella información que los asaltantes llevaban ya redactada en el estilo peculiar que comúnmente trasmite la planta.

La policía alertada también por la noticia corría hacia Radio-Reloj. Se produjo la natural confusión. Resonaron disparos de una parte y otra. Los jóvenes trataban de salir del edificio en busca de la calle.

No habían pasado cinco minutos y en la vía pública se repetían los disparos. Cuando se produjo un momento de calma había un cadáver en la esquina de L y 27. Se trataba del presidente de la Federación Estudiantil Universitaria, José Antonio Echavarría (sic) que se encontraba oculto desde los sucesos del mes de noviembre en Santiago de Cuba.[...]

La confusión prende en la calle

Mientras, la ciudadanía no sabía qué hacer ni a quién creer. Los padres corrían con alas en los pies a buscar a sus hijos a los colegios; los establecimientos cerraban; los vehículos de transporte urbano cambiaban sus itinerarios. De Columbia salían los tanques ligeros que marchaban por la calle 23 en dirección al centro de la ciudad.[...]

Los cines suspendían las funciones. Se ordenaba la paralización de todos los vuelos en el aeropuerto José Martí y la planta de radio de la policía transmitía órdenes y más órdenes. Costaba trabajo establecer comunicación telefónica dada la afluencia de llamadas que congestionaban los hilos.[...][44]

MODESTA GARCÍA RODRÍGUEZ:

Yo había salido con el niño a las tiendas. Hacía buen día, un día de verano, porque si no yo no lo saco. Quería comprarme un par de zapatos y había ido a la peletería Miami, en Neptuno.

Ya había comprado los zapatos y me dirigía hacia el Ten Cent. Llegando a Galiano me encuentro con el dependiente que había ido a merendar. Y él me pregunta: ¿Tú eras la que estabas en la peletería? ¿Adónde tú vas?

[44]*Bohemia*: 17 de marzo de 1957, pp.79, 80, 81, 94, 98.

Entonces, me aconseja que vire para atrás. Ya se sentían disparos. Yo veía a los policías corriendo con las armas en alto, corrían sin saber lo que sucedía. Yo no atinaba a nada, no sabía para dónde dirigirme con mi niño, que c. ido aquello tenía sólo cuatro añitos.

El tiroteo era grande, parecía que se estaba cayendo Galiano. El dependiente me ayudó y me metí en la peletería. Él insistía en que todo iba a cerrar y que nadie me iba a abrir la puerta. Y así fue. Enseguida todos los comercios cerraron.

De la peletería pasé al lado, a una joyería, y de ahí para un café, enfrente. Él intentó detener varios carros, pero ninguno paró. En ese momento paró un autobús y me monté. Era un L4, hoy la 54, que venía para Lawton. Con las ventanillas cerradas. El chofer nos decía: Agáchense, si sienten algún tiro, agáchense. El niño se mantuvo tranquilo, ni lloró. Todo el mundo en la guagua estaba asombrado por el comportamiento del niño y me decían que era el hombre más guapo de Cuba.

Cuando llegué a la casa me enteré de lo sucedido por una vecina, que simpatizaba con Batista. Puse el radio y oí las noticias.

Mientras estuve en La Habana, nadie sabía lo que estaba pasando. La gente decía que se estaba acabando el mundo y corría buscando refugio. Yo sentí miedo de que me detuvieran, porque mi casa estaba llena de propaganda subversiva. Yo pertenecía al Partido Socialista Popular, y semanalmente me llevaban la *Carta Semanal*, libros, proclamas y carnés.

Si me detenían, seguro que me registraban la casa. Nunca simpaticé con Batista. Mi familia era afiliada al PSP y yo también desde los dieciocho años. Pertenecía al Comité Especial de Habana Campo y en mi casa sita en D número 445 entre 14 y 15, iban Marcos y Eloísa a llevar y recoger propaganda. Así que, imagínate, cuando yo me vi dentro de ese tiroteo, sin comerla ni beberla, pensé: "Si me cogen me pelan al moñito."

Al lado de mi casa vivía también un policía, pero nadie supo nunca en lo que yo estaba. Porque yo tenía orientaciones precisas de no hablar de política, oyera lo que oyera. Todo el mundo creía que yo era batistiana, por mi silencio. Y en mi casa se guardó todo aquello hasta el triunfo de la Revolución, que vinieron y lo recogieron.

EMILIA GUERRA BRITO :

Yo trabajaba en el departamento de personal del Ministerio de Hacienda. Era mecanógrafa, técnica de presupuesto. Empezaba temprano por la mañana hasta la una menos cuarto, y después, entraba a las cuatro, porque formaba parte de un *team* especial de mecanógrafas.

Algunas veces venía a almorzar. Casi siempre cogía el M1 porque me era más cómodo. Iba por Monserrate, cogía por el costado del Palacio, después por la calle Cuba y me dejaba en la puerta de Hacienda.

También podía coger la 24, pero me dejaba más lejos. Me gustaba más el M1. Ese día iba manejando Julio, un vecino mío.

Era un día natural, de verano, como hoy. Después de almozar me recosté un ratico. Y no se por qué, no tenía deseos de salir. Tenía como un presentimiento. Pero como había dejado un trabajo a medias, tenía que terminarlo.

Cogí el carro en San Anastasio y Tejar. Yo iba en la parte derecha, en el tercer asiento, cerca de la puerta trasera. Cuando pasamos por Empedrado me iba a bajar, pero como Julio arrancó, me dio pena decirle que volviera a detenerse y seguí.

Llegamos frente a Palacio. En la guagua íbamos cuatro pasajeros: un jorabado que trabajaba en la fábrica de tabacos, un hombre ya mayor, una señora de color y yo. El carro paró por Monserrate. En el cafecito se bajó el jorobado y nos dijo: Hasta mañana. Y todos le respondimos: Hasta mañana.

Pero en eso yo veo llegar el camión y atrás la ruta 14. Ya el M1 no puede arrancar, ni seguir. Veo cuatro soldados en la puerta de atrás de Palacio, con las bayonetas en alto. Se abrieron las puertas del camioncito y se apearon varios muchachos con fusiles, de los autos también. Inmediatamente le disparan a los soldados, que los vi caer como postalitas.

La negra se baja corriendo del autobús y cuando yo me voy a bajar, el chofer cierra la puerta trasera. Y me dice que no, que no me baje, que eso va a pasar.

De inmediato empezaron a disparar de todas partes. Se formó la guerra. Yo me tiro al piso del carro, estoy ahí un rato largo, tirada como pude, tratando de parapetarme con unos asientos. El chofer y el conductor se fueron, no sé de que forma, pero se fueron. Entonces, me cae encima el cuerpo del hombre mayor que muere a consecuencia de los disparos.

Empecé a sentirme los balazos, sobre todo en las manos, los brazos, y en las piernas.

Dicen que cuando a uno lo hieren la sangre caliente le da fuerzas. Parece que es verdad, porque yo me arrastré sin poder y me tiré de cabeza por la puerta de alante. Recibí heridas en el brazo, en el antebrazo, en el muslo, en las piernas, una profunda en la ingle y otra que me atravesó la mano derecha.

Allí perdí todo, zapatos, cartera, todo. Me arrodillé, miré y vi los tanques desde el pavimento. Les hice señas. Si me tiran, me hubieran desbaratado. Yo vi a ese muchacho, a uno que estaba en el tanque, años después, y me dijo que yo parecía un espectro, toda bañada en sangre.

Recuerdo bien que sacaron un paño blanco y uno de los soldados me indicó que me fuera. Me viré, me caí y empecé a arrastrarme. Apenas tenía fuerzas. Tropecé con varios cadáveres. Me arrastré por la calle y cogí Tejadillo, que me quedaba más cerca. Porque la guagua quedó de una forma, pegada más bien a esa calle, al cafecito.

Allí me auxilió un muchacho escondido en un zaguán, que portaba un arma, y una mulatica. Ella se quitó una especie de chaqueta y me tapó. Pararon un carro, pero no me quiso llevar. Me colaron en un pisicorre y me llevaron para la Casa de Socorros de Corrales, que a esa hora estaba llena de heridos. Me colocaron sobre una camilla. Yo tenía los ojos cerrados, pero conservaba todo mi conocimiento. Cuando el médico me vio, dijo: Aquí, prácticamente no puede hacerse nada. Ella está muerta. Y abrí los ojos y le contesté: No, doctor, yo estoy viva.

Entonces, me atendió y de ahí me llevaron para Emergencia. El médico que me recibe allí pensó que yo era un niño y me quería mandar para la sala de hombres. Fueron las enfermeras quienes aclararon mi situación. Ellas me atendieron muy bien. No me podían mover, yo estaba muy grave. Recibí diez heridas de entrada y salida y catorce a sedal. El ómnibus dicen que recibió cincuenta y nueve impactos. Eso me lo dijeron mucho después.

Tuve una recuperación lenta. En Emergencia, a la entrada de mi sala, colocaron varios policías y registraban a todo el que venía a verme. Yo me quedé con la mano derecha cerrada, sin movimiento, y coja. Pensé que de ésa no me salvaba. Y las heridas duelen y arden como si tuvieras un hierro adentro.

Ya a mediados del 58 empecé a trabajar. Mi casa, siempre estuvo vigilada por la policía hasta que cayó Batista.

Yo permanecí trabajando en Hacienda y después pasé al Banco Nacional de Cuba, hasta 1973, cuando me jubilé.

El 13 de marzo nunca se me olvidará, porque fue una verdadera guerra. Yo no estaba preparada para eso. El susto fue tremendo. Después de aquello mi vida cambió por completo. Más nunca fui a un cine, ni a la playa, cambió hasta mi carácter. Ya le digo, esa tarde nunca se me olvidará.

CARLOS MANUEL VALDIVIA ROCHE :
Días antes de los sucesos de Palacio yo paraba en la calle Línea, en una casa propiedad de la familia Loynaz, donde vivía la madre de Dulce María Loynaz. Mi tía era el ama de llaves. En ese momento, era casi un chiquillo y junto a otros dos muchachos recibía clases. Ellos siempre me trataron como de la familia. Y yo recuerdo que días antes del 13 de marzo, estando sentado en un quicito de la iglesia, veo pasar un Oldsmobile del 57, negro charolado, con tres individuos vestidos con guayabera blanca y espejuelos oscuros. Pasaron y se me quedaron mirando, y siguieron.

Minutos después pasó Batista. Esa vez pasó lento y pude verlo sentado casi pegado a la ventanilla, cosa rara, porque siempre él iba en el medio, y pasaba muy rápido. Pero ese día el carro iba despacio. Sentado con su famoso dril cien. Parece que iban en dirección a Columbia, hoy Ciudad Libertad. Iba en un Cadillac negro, charolado, como una especie de limosina. Pasó conjuntamente con otra escolta. Parecían auras tiñosas. Te cuento esto porque esa imagen se me quedó en la memoria, porque yo era muy joven y tuve la oportunidad de verlo bien.

Pero voy a los hechos. Mi tía Amparo acostumbraba a visitarnos los martes en la casa de mis padres, aquí en la Habana Vieja. Yo estudiaba lunes, miércoles y viernes alrededor de dos horas, allá en el Vedado.

Desde el domingo 10 yo había regresado a mi casa. Mi tía entonces me recordó que no faltara a clases al día siguiente, y también debía recoger algunas cosas que ella nos mandaba para ayudarnos, pues en ese momento el trabajo de mi padre no era estable.

Ese miércoles yo no tenía ganas de ir, pero mi mamá me insistió mucho, pero mucho, para que no dejara de dar las clases. Obligado tuve que ir. Fui a eso de las nueve de la mañana, y a las tres y diez crucé Línea buscando la parada del V2, hoy 82, que paraba en Línea y 14. Mi tía siempre se mantenía en la puerta de la casona hasta que yo tomaba el ómnibus. Era costumbre de la época.

Estando allí en la parada vi pasar un carro del SIM, rápidamente, con las luces encendidas. Y detrás varios carros Mercury del 57, con las armas hacia afuera. Y la gente empezó a comentar que qué estaría pasando, porque iban a toda velocidad en dirección al centro de La Habana.

Al fin y al cabo, vino el V2. Había su inquietud en la guagua, aunque nadie comentaba nada. Ya se olfateaba el peligro.

La guagua hizo su recorrido acostumbrado, pero cuando llega a Infanta y San Lázaro, veo un policía con la camisa zafada, sudoroso, dirigiendo el tráfico. Yo iba sentado en la ventanilla, y cuando la guagua pasó por San Lázaro y Belascoaín, vemos la ruta 14 parqueada contraria al tránsito en la Casa de Socorros de San Lázaro. El chofer aguantó un poco la marcha y yo como muchacho al fin, me asomé por la ventanilla para verla bien. La guagua era un colador, de acribillada que estaba. Los cristales parecían una telaraña, todos fragmentados. Y había algunos vestigios de sangre en los marcos interiores de la guagua.

Ya todos estábamos nerviosos. Se sentían algunas detonaciones y la gente empezó a pedirle al chofer que se desviara de la ruta, que algo estaba pasando. El chofer no quería porque según él tenía que seguir su recorrido. Se negó rotundamente.

La guagua llegaba hasta Zulueta, pero la policía la desvió por Consulado. Allí las detonaciones eran fuertes, hasta el punto que nos tuvimos que tirar al piso. Incluso hubo una mujer que se metió entre dos asientos. A todas esas, el conductor estaba cobrando los boletines agachado, tirado por el piso. Una cosa curiosa, pero fue así.

El carro atravesó Neptuno y por San Miguel dobló a la izquierda. Allí la atmósfera se tornó gris. Los carros con las luces encendidas. No sé por qué, siendo de día. Cuando el ómnibus dobla para incorporarse a Zulueta, los fogonazos eran más fuertes. Vi a una tanqueta del ejército, a un costado de Bellas Artes, disparando hacia Palacio.

Los estudiantes de bachillerato corrían tratando de parar algún carro, pero nadie paraba. Yo miraba todo eso a través de la ventanilla, porque ya yo no me agaché más. Al llegar a Monte y Zulueta vi a un jeep del ejército que se situó en la misma esquina. Se bajó un soldado, tomó un Springfield y disparó a mansalva hacia la gente que estaba en la azotea de un edificio que existía allí donde hoy hay un parquecito.

Claro, la gente cuando vio que el soldado apuntó, despareció en el acto.

La guagua entró por Acosta, y en Jesús María me estaban esperando desesperados mi papá y mi mamá. Fue entonces, cuando me bajé, que comencé a sentir miedo, y las piernas me empezaron a temblar.

Jueves 14 de marzo, de 1957. Prensa Libre. Primera página. Diario de la Mañana.

DECLARACIONES OFICIALES

Poco antes de las 5:00 p.m. el general Tabernilla difundía un parte que intentaba restablecer la calma:

RESTABLECIDO EL ORDEN

> *[...]«Desmintiendo categóricamente las noticias propaladas por la Radio, puede afirmar que el Honorable señor Presidente de la República, mayor general Fulgencio Batista C. de H., se encuentra perfectamente bien, así como que el orden ha sido restablecido».*
>
> *Firmado:*
>
> *F. Tabernilla Dolz, M.M.N. y P.*
> *Jeef del Estado Mayor del Ejército.*

El propio general Batista hacía declaraciones asegurando que el gobierno había dominado la situación y que el estado del orden público era normal.

El tránsito por las inmediaciones de muchas estaciones policíacas estaba prohibido, así en Belascoaín y Benjumeda se impedía el acceso a la Quinta Estación, con un ómnibus de la ruta 4 atravesado en la vía. En otras calles se habían tendido sogas, y vigilantes con ametralladoras y fusiles patrullaban los lugares estratégicos.

La policía ocupaba la universidad y la Confederación de Trabajadores y las estaciones radiales no podían trasmitir más que declaraciones oficiales, ya que para ellas no había cesado la censura levantada el 27 de febrero para las publicaciones impresas.

No obstante, la revista **Bohemia** *publica un editorial que bajo el título ¡NO MÁS SANGRE, CUBANOS! hace un llamado a la cordura nacional, también inserta lo que denominó LA ESTELA DE LA TRAGEDIA, un fotorreportaje que era harto elocuente.*

Salen publicadas con su correspondiente aval gráfico, las armas halladas en los arrecifes de Prado y Malecón, en Avenida Primera y 64, Miramar, arrojadas al mar por un camión misterioso y que incluía obuses, paquetes de dinamita y el trípode de una ametralladora.

Otro fotorreportaje hacía evidente el dolor de los familiares de los caídos, esta vez desde la morgue habanera donde estuvieron expuestos los cadáveres en impresionante montón, y de donde es trasladado el cuerpo de José Antonio Echeverría.

El terror sigue estremeciendo el país. Pasadas las primeras horas y recuperado del pánico por el ataque al Palacio Presidencial, Batista desata una ola de persecución, represalia y asesinatos, la cual sienta sus huellas en todo aquél, que de una forma u otra colabora con la lucha clandestina. José Machado, Juan Pedro Carbó Serviá y Joe Westbrook, sobrevivientes de la acción, inician el tenso peregrinar de un lado a otro, en una ciudad convertida prácticamente en una ratonera. Ya pocos duermen, esperando de un momento a otro, la irrupción de los esbirros al servicio de la tiranía.

Perseguidos, acosados, Machadito, Fructuoso, Juan Pedro y Joe buscan refugio en Humboldt 7. Debido a una delación son masacrados por hombres al mando de Esteban Ventura Novo, quien interviene personalmente en la acción. Es el 20 de abril de 1957.

JULIO GARCÍA OLIVERAS:
Mery Pumpido y quien te habla, el único ileso, empezamos a trasladar a todos los compañeros. Pero primero fue preciso localizarlos, porque cada cual siguió una ruta diferente. Después era buscarles casa y por supuesto comida. Ellos no podían salir, estaban heridos. Me refiero

a Fructuoso, Carbó. Del 13 de marzo a los hechos de Humboldt 7 trans-currieron días de pesadilla, tanto para ellos como para nosotros, que teníamos la responsabilidad de ayudarlos a salir de ese atolladero.

A mí me buscaba la policía, pero no me conocían. Buscaban a Julio, *el Grande*, porque como yo nunca me dejé retratar, no sabían quién era. Eso fue bueno desde el punto de vista conspirativo, pero no desde el histórico, porque me quedé con muy pocas fotos en que estoy con José Antonio. Eso le pasó también a Faure. Quizás, a eso le debo la vida.

No obstante, en mayo me apresan, porque cogen al Oldsmobile que tenían circulado. Estuve detenido, preso, y de ahí salí para el exilio en dirección a Costa Rica.

Enrique Rodríguez Loeches:

«[...]Serían alrededor de las cinco y cincuenta de la tarde cuando Ventura y sus asesinos comienzan a romper violentamente la puerta del apartamento 201 con la culata de sus armas. Sólo tres camaradas están armados y, a medio vestir, se aprestan a escapar. Joe Westbrook logra alcanzar el apartamiento de los bajos y le pide a la inquilina que le permita permanecer en el mismo. Ella accede y Joe, serenamente, se sienta en un sofá de la casa que se hallaba en la sala y simula ser una visita. La señora tiembla de pánico... Minutos después tocan a la puerta... Joe se encuentra perdido y, personalmente, sin dejar de ser un caballero aun en los umbrales de la muerte, tranquilizó a la señora y abrió la puerta. Ésta, al verlo casi un niño, por humanidad, suplica a los esbirros que no le hagan daño. Apenas había caminado unos metros por el pasillo cuando, llegando a la escalera que sube a los altos, una ráfaga de ametralladora lo desplomó sobre el piso dejándolo sin vida. Su cara quedó intacta, de ahí el sueño que parece dormir su cadáver al descansar en el féretro. Joe, al ser asesinado, estaba desarmado. Tenía poco más de veinte años.

»Sus otros compañeros, apenas vestidos, saltan por el tragante de aire de la cocina del apartamento, el cual daba a una casa en los bajos. Advierten a la señora de la misma que no se alarme, y salen en distintas direcciones. Al parecer, ignoraban que estaban totalmente rodeados; tanto dentro, como fuera del edificio. Juan Pedro Carbó se dirige velozmente al elevador, pero, interceptado antes de llegar a éste, es ametrallado casi a boca de jarro en forma inmisericorde. Todo su rostro y cuerpo quedan acribillados a balazos. Indudablemente lo habían reconocido y se ensañaron con él.

»Machadito y Fructuoso corren en otra dirección por el pasillo y se lanzan por una ventana hacia la planta baja. Caen en un pasadizo de la agencia de automóviles "Santé Motors Co." que era largo y estrecho. Al final de uno de sus extremos había una verja que tenía un candado que les impedía la salida. Los obreros de esta empresa, al sentir el ruido ocasionado por los cuerpos al caer, corrieron hacia el lugar. Creían que había sufrido un accidente unos compañeros suyos que se hallaban arreglando una antena de televisión. La altura que habían saltado nuestros camaradas era demasiado alta, y Fructuoso yacía inconsciente en el suelo mientras Machadito hacía esfuerzos supremos por levantarse sin lograrlo. Uno de los empleados de la "Santé", que ya había llegado, le hace señas de que aguarde, pues va en busca de la llave del candado de la verja. Pero en ese instante llegan los "perros" de presa de Esteban Ventura. Uno de ellos sitúa la boca de su ametralladora entre los barrotes de la verja en los instantes que Machadito exclama: "No nos mate... que estamos desarmados." En un ser humano cualquiera aquello hubiera bastado; pero en una bestia batistiana ese lenguaje era incomprensible. Y comenzó su macabra tarea disparando sobre un hombre tendido en el suelo, semi-inconsciente, y el otro sin poder sostenerse. Machadito, al caer, se había fracturado los dos tobillos. Mientras esto ocurría otro policía se dirigía al café de la esquina en busca de un martillo con el cual rompieron el candado que cerraba la puerta. Una vez traspasada ésta, fueron rematados Fructuoso y Machadito.

»La balacera fue tan intensa que los vecinos de los edificios cercanos se asomaron a puertas y balcones. Eufórico, victorioso, el entonces capitán Esteban Ventura entraba y salía de Humboldt 7 dando órdenes y disponiéndolo todo. Si macabra resultaba la escena del asesinato en sí, más horrible resultaba la tarea de sacar los cadáveres desde los distintos lugares en que habían caído. Aquellos no eran hombres: Luis Alfaro Sierra, el agente Mirabal, el cabo Carratalá, ascendido posteriormente a teniente... arrastraban los cadáveres tirándoles por el pelo hasta la acera. A la vista de todo el mundo. Y luego volvieron a arrastrarlos por la misma acera hasta la esquina siguiente. El pueblo, desde los balcones, comenzó a pedir clemencia y dar gritos airados de protesta. Una señora, ya de cierta edad, que en su balcón veía impotente el espectáculo, quedó desmayada. Una ráfaga de ametralladora se encargó de ahuyentar a los curiosos vecinos. Las huellas de las balas aún quedaban marcando los edificios vecinos a Humboldt 7 después del triunfo de la Revolución. [...]»[45]

El 22 de abril de 1957, la revista Life *en español, publica las siguientes declaraciones del dictador: "Yo respeto la vida de los demás. No queremos terror en Cuba."*

El baño de sangre contradice las declaraciones oficiales. La guerra es sin cuartel, a muerte. Recrudece la lucha clandestina. Son pocas las familias que no se ven involucradas de una forma u otra en oposición abierta al gobierno. Solamente la más alta burguesía, la clase media acomodada y los representantes de la industria, la banca y el comercio le rinde pleitesía al dictador.

Ante el acoso y la persecución, muchos combatientes se acogen al asilo político, otros caen balaceados por manos esbirras.

En la Sierra Maestra, marzo y abril son meses de reestructuración y aprendizaje para las tropas rebeldes. El 23 de abril el periodista Bob Taber y un camarógrafo penetran en la Sierra y tras convivir algunos días con la guerrilla, le hacen una entrevista a Fidel en el Pico Turquino, que es televisada en todos los Estados Unidos.

A mediados de mayo reciben desde Santiago de Cuba un cargamento de armas que incluye ametralladoras de trípode, fusiles automáticos y cerca de seis mil tiros, lo que refuerza el reducido grupo rebelde.

El 25 de mayo se tienen noticias del desembarco del yate "Corinthia", expedición que dirige Calixto Sánchez y que entra por las costas de Mayarí. El suceso impulsa la ejecución de un hecho que no sólo distraiga la atención del enemigo, sino que también funcionara como golpe de efecto. Así se proyecta la batalla del Uvero, un puesto militar ubicado a orillas del mar. Después de dos horas y cuarenta y cinco minutos de rudo combate, cuyo inicio lo da Fidel con su disparo, las tropas rebeldes toman el cuartel, ocasionándole al enemigo catorce

---

[45]Faure Chomón: *El ataque al Palacio Presidencial*, pp. 89, 90, 91.

A los pocos momentos de registrarse el ataque al Palacio Presiden-forma lanzaron granadas de mano contra la fuerza pública. [...] mientras que el resto huía por el centro del Parque Zayas, siendo muertos algunos por los tiradores de la guarnición[...]

muertos y diecinueve heridos. Por el ejército rebelde caen seis hombres, entre ellos Julito Díaz.

El ataque al Uvero, como lo define Che, marca la mayoría de edad de la guerrilla. Según sus propias palabras: «[...]A partir de este combate, nuestra moral se acrecentó enormemente, nuestra decisión y nuestras esperanzas de triunfo aumentaron también, simultáneamente con la victoria y, aunque los meses siguientes fueron de dura prueba, ya estábamos en posesión del secreto de la victoria sobre el enemigo.[...]»[46]

Quedan diecinueve meses de fieros, encarnizados combates en la montaña y en el llano para lograr el triunfo; persecución, delaciones, acoso y asesinato a mansalva para aquéllos que, desafiando el poderío sangriento de la dictadura, enfrentan y prosiguen la lucha clandestina en la ciudad.

[46] ERNESTO CHE GUEVARA: Escritos y discursos, t.2, p.104.

Prensa Libre

● NI CON UNOS NI CON OTROS: CON LA REPÚBLICA

Director: **SERGI**

Miembro del Bloque Cubano de Prensa y de la Sociedad Interamericana de Pr

DIARIO DE LA MAÑANA   La Habana, Jueves, 14 de Marzo de 1957   AÑO XVII

Ultimo Minuto

Atacado el Palacio Presidencial

LA HABANA, marzo 13. (UP). —A las 3:25 de la tarde estalló intenso tiroteo en la manzana que rodea el Palacio Presidencial.

Los guardias del Palacio contestan al fuego que sé les hace desde la calle.

Los elementos que hacen el ataque no han sido identificados. Todo el tránsito en las cercanías ha sido paralizado.

Los disparos que se oían desde las vecindades del sitio de los sucesos eran de ametralladoras y quizá si pequeños morteros.

(Página dos, columna una)

suma
Gaza

los ha
uevas
che y
irá si

l gobernante se ha muy servicial y pero rehusó co untos discutidos ta de si las FENU administración ci

columna cinco)

¡EXTRA!

El asalto frustrado a Palacio

MUERTOS ECHEVERRIA Y MENELAO MORA

Unos 40 hombres distribuidos por los alrededores de Palacio y en las azoteas colindantes, atacaron a la Guardia mientras almorzaban unos, y otros recibían instrucción de Academia, declara el Gral. Batista desde Palacio — El ataque fue detenido .... y el estado del orden público es normal, añade el

Suspendidas
las actividades en la Universidad de La Habana

Lo acordó el Consejo. — El recinto está ocupado por la Fuerza Pública. — Las armas encontradas allí

OCUPA LA POLICIA 900 CARTUCHOS DE DINAMITA

estaban bajo el mar, cerca de la costa en 1ra. y 64, Miramar. — También ocuparon 21 obuses para morteros. — Otra oc… …ón de armas en Miramar. — Declaraciones del Jefe de Policía sobre la muerte del doctor Pelayo Cuervo. — Aparece m… …hombre a tiros, en San Miguel del Padrón. — Identificados todos los muertos en el Necrocomio, menos uno. — Ocupan… …ametralladora frente a la Universidad. — No ha sido identificado el muerto que apareció en El Laguito. — Ocupan plan… …lacio. — Detenido un arquitecto en Camagüey. — 39 muertos y 55 heridos por los sucesos del miércoles de éstos, 23 transe…

PrensaLibre 5¢

• NI CON UNOS NI CON OTROS: CON LA REPUBLICA   Director: **SERGIO CARBÓ**

Miembro del Bloque Cubano de Prensa y de la Sociedad Interamericana de Prensa

DIARIO DE LA MAÑANA   La Habana, Sábado, 16 de Marzo de 1957.   AÑO XVII.—NUM. 2,554.

Dan cuent…
Urgencia…
el asalt…
Radio R…

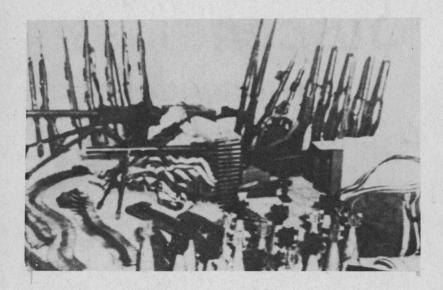

¡NO MAS SANGRE, CUBANOS!

BOHEMIA, realizando un gran esfuerzo editorial en
beneficio de sus lectores, cambiando en gran parte
sus talleres, pudo brindar una información gráfi-
la más amplia que le permitieron las circunstancias,
los graves y lamentables sucesos ocurridos el mié-
as 13 en el Palacio Presidencial. Pero al cierre de
stra edición anterior no se tenía conocimiento aún
otro hecho que añadió más dolor, más consterna-
, a aquella fecha aciaga: la muerte violenta y ale-
, en horas de la noche y en un lugar del Country
del Dr. Pelayo Cuervo, ilustre líder político de la
ición, presidente del Partido del Pueblo Cubano
doxo). Por la misma premura con que esa edi-
tuvo que ser modificada, nos fué igualmente im-
le hacer un comentario sobre el [...]

Los sucesos del día 13 quedarán para siempre
cados en la memoria de toda la ciudadanía. Prim
asalto suicida al Palacio Presidencial, con
muertos y heridos de ambas partes, muertos
dos que eran todos cubanos, que cumplían con
ber según sus respectivos puntos de vista y c
nían hogares que hoy los lloran desconsolada
Y después el asesinato de Pelayo Cuervo, ante
hemos de pronunciar palabras de hondo dolo
severa condenación.

Pelayo era un luchador recto, vertical, enter
tra el régimen. Pero no era combatiente en el
do físico de la palabra. No cayó, como los otr
mo en mano, en la refriega. Los mismos jefe
distintos cuerpos policiacos han [...]

ANEXO

JOSÉ ANTONIO ECHEVERRÍA
SÍNTESIS BIOGRÁFICA

1932. El 16 de julio nace en la ciudad de Cárdenas, José Antonio Echeverría Bianchi, primer hijo del matrimonio formado por Concepción Bianchi Tristá y Antonio Echeverría González. Son tiempos de lucha contra la tiranía de Gerardo Machado.

1937. Cursa la primera enseñanza en el colegio Champagnat, que pertenece a la Congregación de los Hermanos Maristas.

1943. Matricula y cursa el bachillerato en el Instituto de Segunda Enseñanza, en Cárdenas. Junto a estos estudios practica *basketball*, natación y remos. También participa en la vida estudiantil del centro y resulta elegido y reelegido para ocupar cargos en la directiva de la asociación de alumnos. Como reconocimiento es elegido con sólo dieciocho años para hacer el discurso de graduado, tarea que por lo general corresponde al estudiante más querido y más aplicado.

1950. Matricula en la Facultad de Arquitectura de la Universidad de La Habana. Interviene enseguida en la renovación de los cargos dirigentes del estudiantado, reflejo de sus primeras inquietudes políticas. Es elegido delegado de asignatura y de curso. Al iniciarse el nuevo curso escolar, Echeverría vuelve a ser reelegido delegado de asignatura y de año, y lo designan secretario general de la Asociación de Alumnos.

1952. El 7 de marzo viaja como de costumbre a Cárdenas con el fin de visitar a sus padres. Allí le sorprende la noticia del Golpe de Estado perpetrado por Fulgencio Batista Zaldívar.

Llega a la capital y se dirige a la casa de huéspedes donde vive, y de inmediato va a unirse a los miembros de la Federación Estudiantil Universitaria que han ido al Palacio Presidencial a brindarle su apoyo al presidente de la República, para que resista el golpe reaccionario.

Cuando llega a la mansión ejecutiva encuentra a los dirigentes universitarios y con ellos va hacia la Colina donde esperarán infructuosamente las armas que el presidente depuesto ha prometido. Rodeada por fuerzas militares, permanece en la universidad un grupo haciendo sentir su protesta contra el nefasto cuartelazo.

El 14 de marzo se emite una declaración de principios de la FEU, en la cual se condena el Golpe del 10 de marzo y se trazan lineamientos de lucha contra la dictadura. Posteriormente la FEU convoca a una movilización nacional para jurar la Constitución.

Meses más tarde participa con un grupo de estudiantes en el acto de protesta, efectuado en el Stadium del Cerro, donde éstos se lanzan al terreno de pelota a fin de convocar a la población a los actos del 27 de noviembre de ese mismo año.

1953. El 15 de enero está entre los que dirigen la manifestación donde cae mortalmente herido Rubén Batista Rubio.

En La Habana le sorprende el asalto al Cuartel Moncada el 26 de julio de 1953, donde asesinan a su amigo Renato Guitart.

Este año resulta electo presidente de la Asociación de Estudiantes de la Facultad de Arquitectura y forma parte también de la dirigencia FEU, que lo designa su secretario general en el curso académico 53–54.

1954. El 28 de marzo junto con Fructuoso Rodríguez y Juan Pedro Carbó Serviá, y un grupo de estudiantes participa en los carnavales donde enarbolan telas de protesta contra la dictadura.

Apresados, son conducidos a la Tercera Estación de Policía donde recibe una paliza que lo lleva a guardar cama en El Príncipe. Tras una huelga de hambre, son condenados a treinta y un días de cárcel por el Tribunal de Urgencia de La Habana.

El 30 de septiembre, al conmemorarse un aniversario más de la muerte de Rafael Trejo, asume la presidencia de la FEU.

1955. En enero sale hacia San José, Costa Rica, a luchar contra el tirano Somoza. Va acompañado de Fructuoso Rodríguez y más tarde se le une Juan Pedro Carbó Serviá. A su regreso, son encarcelados en el Castillo de San Severino, Matanzas.

En una manifestación realizada el 13 de febrero, conmemorando el segundo aniversario de la muerte de Rubén Batista, golpeado, cae al pavimento cuando encabezaba el desfile estudiantil.

El 8 de mayo resulta nuevamente lesionado en un acto por el 20 aniversario de la caída de Antonio Guiteras Holmes, en El Morrillo. Con él se encuentran Fructuoso Rodríguez y José Venegas.

El 20 de mayo la FEU convoca al acto de recibimiento a los prisioneros y exiliados salidos de la cárcel que acaban de llegar del extranjero, acto donde se espera que hable el doctor Fidel Castro. La universidad es rodeada por fuerzas policiales y se impide esta celebración.

Vuelve a ser reelegido presidente de la FEU.

El 9 de junio despide el duelo del comandante Agostini, víctima de un asesinato a manos de Laurent, sicario al servicio del régimen.

En agosto participa en una frustrada acción al Palacio Presidencial, de donde puede escapar en auto ante las narices de la policía.

El 29 de noviembre es detenido en el Parque Medina cuando acudía a una asamblea en el Instituto de Segunda Enseñanza del Vedado.

En nombre de la FEU, envía una carta denuncia al coronel Cosme de la Torriente, en la que detalla la impotencia de cualquier gestión con el gobierno, y a su vez proclama abierto el camino de la resistencia revolucionaria contra la dictadura.

El 2 de diciembre la FEU convoca a los estudiantes para llevar el mensaje al bufete de Don Cosme, intento que interfiere la policía en la calle San Lázaro. Dos días más tarde, un grupo de estudiantes se lanza al terreno del Stadium del Cerro, protestando por los maltratos del día 2. Hecho que se hace en medio del juego de pelota trasmitido por televisión a toda la Isla.

El 7 de diciembre se vuelve a convocar a una manifestación por la caída del general Antonio Maceo, en la Avenida del Malecón, desde donde parten hacia la universidad. Esta movilización también la intercepta la policía y resultan heridos numerosos estudiantes, entre ellos Camilo Cienfuegos y Juan Pedro Carbó Serviá.

La lucha estudiantil se radicaliza y se suma a la huelga azucarera iniciada en la segunda quincena de diciembre, acción que refuerza la firmeza revolucionaria contra la dictadura.

A principios de diciembre se funda el Directorio Revolucionario, brazo armado de la FEU. José Antonio resulta elegido secretario general.

1956. Vuelve a ser reelegido presidente de la Asociación de Estudiantes de Arquitectura y de la FEU.

Sale hacia Chile donde participa en el Congreso de Estudiantes Latinoamericanos y recorre varios países, tratando de aunar voluntades en torno a la causa que se libra en Cuba contra Batista. En México firma junto con Fidel Castro un documento que se conoce como la Carta de México, donde la FEU y el Movimiento 26 de Julio se comprometen a luchar por erradicar el gobierno despótico de Cuba.

De Ciudad México parte a Ceilán, donde participa en el Congreso Internacional de Estudiantes.

A su regreso, pasa a la clandestinidad, debido a la tenaz persecución de que es objeto, por parte de las fuerzas del régimen.

1957. El 13 de marzo, horas antes del asalto al Palacio Presidencial, emite su testamento político, y en él precisa: "Si caemos, que nuestra sangre señale el camino de la libertad."

Ese mismo día comanda la acción del asalto a la emisora Radio Reloj, acción sincronizada con el ataque al Palacio Presidencial por otro grupo de jóvenes.

Al regresar a la universidad tras haber efectuado la operación y la exhortación inconclusa al pueblo de Cuba, halla la muerte en un tiroteo frontal contra fuerzas policiales al servicio de la dictadura.

La Federación Estudiantil Universitaria y el Movimiento Revolucionario 26 de Julio, los dos núcleos que agrupan en sus filas la nueva generación y que se han ganado en el sacrificio y el combate las simpatías del pueblo cubano, acuerdan dirigir al país la siguiente declaración conjunta:

1. Que ambas organizaciones han decidido unir sólidamente su esfuerzo en el propósito de derrocar a la tiranía y llevar a cabo la Revolución Cubana.

2. Que asistir a unas elecciones parciales después de estar reclamando durante más de cuatro años unas elecciones generales y libres, constituye una actitud entreguista y traidora que no alcanzará sus fines ambiciosos porque la Revolución cortará de un tajo todas las posibilidades.

3. Que si la Revolución Cubana, que cuenta ya con la simpatía de la opinión democrática de América, es vencida en una lucha que resulta ya inevitable, la dictadura no brindará siquiera esa mísera concesión que hoy otorga por miedo a los revolucionarios, y sobre la cabeza de los electoralistas ambiciosos caerá la sangre de los que se inmolen.

4. Que consideramos propicias las condiciones sociales y políticas del país, y los preparativos revolucionarios suficientemente adelantados para ofrecer al pueblo su liberación en 1956. La insurrección secundada por la huelga general en todo el país será invencible.

5. Que un tirano extranjero, Rafael Leónidas Trujillo, interviniendo abiertamente en la política interna de nuestro país, fraguó una conspiración contra Cuba con la complicidad de un grupo de oficiales del 10 de Marzo: Alberto del Río Chaviano, Martín Díaz Tamayo, Leopoldo Pérez Coujil, Manuel Ugalde Carrillo, Manuel Larrubia, Juan Rojas y Rego Rubido, y una pandilla de pistoleros encabezados por Policarpo Soler, que salió de Cuba a raíz del golpe de Estado, con la protección

---

[47]Julio A. García Oliveras: *José Antonio Echeverría: La lucha estudiantil contra Batista,* pp.296, 297, 298.

del propio Batista, a pesar de estar reclamado por los tribunales de justicia.

6. Que las armas trujillistas fueron introducidas en Cuba con la complicidad probada de esos militares.

7. Que el dictador Batista, en la conferencia de Panamá, no tuvo el valor de denunciar esa agresión al honor y la integridad nacional, dándose un abrazo con el hermano del chacal dominicano.

8. Que muy por el contrario, al regresar a Cuba ocultando al país la verdad, se dio a la innoble tarea de acusar de trujillistas a los más limpios revolucionarios cubanos, cuyas firmes convicciones democráticas hacen imposible toda relación con un tirano igual que Batista.

9. Que en respuesta a la cobarde maniobra, emplazamos a Batista para que entregue a la FEU y a los combatientes del 26 de Julio las armas de la República, que no han sabido usar con dignidad, para demostrar que nosotros nos atrevemos a ajustar cuentas con el dictador dominicano y salvar el honor de la patria.

10. Que Cuba debe responder con dignidad a la ofensa sufrida y en consecuencia somos partidarios de una acción armada contra el tirano Trujillo, que dé paso libre a los dominicanos de una opresión que dura ya más de veinticinco años. Retamos a Batista a que diga la palabra definitiva o se ponga en evidencia ante el pueblo cubano.

11. Que la actitud débil, oportunista y cobarde del régimen frente a Trujillo, ha sido traición a la patria.

12. Que tanto Trujillo como, Batista, son dictadores que hieren el sentimiento democrático de América, y perturban la paz, la amistad y la felicidad de los cubanos y los dominicanos.

13. Que mientras los militares trujillistas permanecen en sus cargos, la flor y nata de las fuerzas armadas, los oficiales más capacitados para defender la patria que peligra, están presos o inhumanamente tratados en Isla de Pinos.

14. Que la FEU y el 26 de Julio consideran al coronel Barquín, al comandante Borbonet y demás oficiales presos y destituidos, la más digna representación de nuestro ejército, y los hombres que hoy cuentan con más simpatías en las fuerzas armadas.

15. Que el ejército, dirigido por esos oficiales prestigiosos y honorables, al servicio de la Constitución y del pueblo, tendrá el respeto y las simpatías de la Revolución Cubana.

16. Que la FEU y el 26 de Julio hacen suya la consigna de unir a todas las fuerzas revolucionarias, morales y cívicas del país, a los estudiantes, los obreros, las organizaciones juveniles y a todos los hombres dignos de Cuba, para que secunden en esta lucha, que está firmada con la decisión de morir o triunfar.

17. Que es hora de que los partidos políticos y la Sociedad de Amigos de la República cesen ya en el inútil esfuerzo de implorar soluciones amigables en una actitud que en otros momentos pudo ser patriótica, pero que, después de cuatro años de rechazo, desprecio y negativa, puede ser infame.

18. Que enfrentada ya la Revolución en una lucha a muerte contra la tiranía, la victoria será de los que luchamos asistidos por la historia.

19. Que la Revolución llegará al poder libre de compromisos e intereses, para servir a Cuba en un programa de justicia social, de libertad y democracia, de respeto a las leyes justas y de reconocimiento a la dignidad plena de todos los cubanos, sin odios mezquinos para nadie, y los que la dirigimos, dispuestos a poner por delante el sacrificio de nuestras vidas, en prenda de nuestras limpias intenciones.

José Antonio Echeverría Bianchi   Fidel Castro Ruz

JOSÉ ANTONIO ECHEVERRÍA
TESTAMENTO POLÍTICO[48]

»¡Pueblo de Cuba! Hoy, 13 de marzo de 1957, día en que se honra a los que han consagrado sus vidas a la digna profesión de arquitecto, para la que me preparo, a las tres y veinte minutos de la tarde, participaré en una acción en la que el Directorio Revolucionario ha empeñado todo su esfuerzo junto con otros grupos que también luchan por la libertad.

»Esta acción envuelve grandes riesgos para todos nosotros y lo sabemos. No desconozco el peligro. No lo busco. Pero tampoco lo rehuyo. Trato sencillamente de cumplir con mi deber.

»Nuestro compromiso con el pueblo de Cuba quedó fijado en la Carta de México, que unió a la juventud en una conducta y una actuación. Pero las circunstancias necesarias para que la parte estudiantil realizara el papel a ella asignado no se dieron oportunamente, obligándonos a aplazar el cumplimiento de nuestro compromiso. Creemos que ha llegado el momento de cumplirlo. Confiamos en que la pureza de nuestra intención nos traiga el favor de Dios para lograr el imperio de la justicia en nuestra patria.

»Si caemos, que nuestra sangre señale el camino de la libertad. Porque, tenga o no, nuestra acción el éxito que esperamos, la conmoción que originará nos hará adelantar en la senda del triunfo.

»Pero es la acción del pueblo la que será decisiva para alcanzarlo. Por eso, este manifiesto que pudiera llegar a ser un testamento, exhorta al pueblo de Cuba a la resistencia cívica, al retraimiento de cuanto pudiera significar un apoyo a la dictadura que nos oprime, y a la ayuda eficaz de los que están sobre las armas para libertarlo. Para ello es preciso mantener viva la fe en la lucha revolucionaria aunque perezcamos todos los líderes, ya que nunca faltarán hombres decididos y capaces que ocupen nuestros puestos, pues, como dijera el Apóstol, "cuando no hubiera hombres se levantarían las piedras para luchar por la libertad de nuestra patria".

[48]Faure Chomón: *El ataque al Palacio Presidencial*, pp.108, 109.

»A nuestros compañeros, los estudiantes de toda Cuba, les pedimos que se organicen, ya que ellos constituyen la vanguardia de nuestra lucha, y a las Fuerzas Armadas que recuerden que su misión es defender a la patria; no someter a hermanos, y que su puesto es el del Ejército Mambí, que peleaba POR LA LIBERTAD DE CUBA, como terminan todos sus escritos.

»¡VIVA CUBA LIBRE!

Firmado: José Antonio Echeverría
La Habana, 13 de marzo de 1957.»

ENTREVISTADOS

Faure Chomón Mediavilla (n.1929) es miembro del Comité Central del Partido Comunista de Cuba (PCC) y diputado a la Asamblea Nacional del Poder Popular por el municipio Camagüey. Fue fundador del PCC y del Directorio Revolucionario y secretario general de esta organización. Tiene en su haber la Orden Camilo Cienfuegos y las medallas Combatiente de la Lucha Clandestina en la Guerra de Liberación Nacional, Combatiente de la Guerra de Liberación y las medallas Conmemorativas XX, XXX y XL Aniversarios de las Fuerzas Armadas Revolucionarias (FAR).

Julio A. García Oliveras (n.1931) funge como asesor de la dirección del Grupo Gaviota, S.A. Es graduado del Curso Académico Superior de las FAR, 1966. Integró el primer Comité Central del PCC desde 1965 a 1986. Fue fundador del PCC y del Directorio Revolucionario. Obtuvo las órdenes Camilo Cienfuegos de Primer Grado y Amistad de Viet Nam. Les fueron concedidas las medallas Internacionalista de Primer Grado, XX y XXX Aniversarios del Asalto al Cuartel Moncada, Playa Girón, Combatiente de la Lucha Clandestina en la Guerra de Liberación Nacional, Combatiente de la Guerra de Liberación, X y XV Años por Servicios en las FAR y 250 Aniversario de la Universidad de La Habana.

Doctor José Assef Yara, el *Moro* (n.1934). Labora como Profesor Principal de la asignatura Ortopedia y Traumatología. Es, además, jefe de Servicios de dicha especialidad. Fundador del Directorio Revolucionario y del Partido Comunista de Cuba. Posee las medallas XX, XXX y XL Aniversarios de las FAR, medalla Combatiente de la Lucha Clandestina en la Guerra de Liberación Nacional. Medalla de Trabajador Internacionalista.

René Anillo Capote (n.1932). Actualmente jubilado. Doctor en Derecho. Ocupó el cargo de secretario general de la OSPAAAL (Organización Solidaridad con los Países de Asia, África y América Latina) Fue electo miembro suplente del Comité

Central del PCC en el Segundo Congreso y elegido Diputado a la Asamblea Nacional en la Segunda y Tercera legislaturas. De 1972 a 1981 se desempeñó como embajador de la Unión Soviética y viceministro primero de Relaciones Exteriores. Fundador del PCC y del Directorio Revolucionario. De 1962 a 1965: organizador del PURC (Partido Unido de la Revolución Socialista de Cuba) en la provincia de Las Villas. De 1965 a 1972 fue segundo secretario del PCC en la antigua provincia Oriente y de 1970 a 1972 primer secretario del PCC de la provincia Guantánamo.

Posee las medallas XX, XXX y XL Aniversarios de las FAR. Combatiente de la Lucha Clandestina en la Guerra de Liberación Nacional y 28 de Septiembre otorgada por los CDR (Comités de Defensa de la Revolución). Es miembro de la Asociación de Combatientes de la Revolución y de la Sociedad Económica de Amigos del País.

Doctora María de los Ángeles Pumpido de la Nuez, *Mery* (1928-1994) fue fundadora del PCC. Se le concedieron las medallas Ana Betancourt, Combatiente de la Lucha Clandestina en la Guerra de Liberación Nacional, XX y XXX Aniversarios de las FAR, Combatiente Internacionalista B, Trabajador Internacionalista y Paloma de la Paz, otorgada por el Gobierno sirio.

Carlos Alberto Figueredo Rosales, *el Chino* (n.1936) es coronel retirado del Ministerio del Interior (MININT). Posee la Orden Camilo Cienfuegos y las medallas XX Aniversario del Granma, Combatiente de la Lucha Clandestina en la Guerra de Liberación Nacional, Combatiente de la Guerra de Liberación, XX, XXX y XL Aniversarios de las FAR, dos medallas por la Valentía y varias condecoraciones por servicios distinguidos en las FAR. Obtuvo también la medalla por la Seguridad y el Orden Interior.

Antonio Castell Valdés, *Tony* (n.1932). Coronel retirado MININT. Fundador del PCC y del Directorio Revolucionario. Poseedor de la Orden Camilo Cienfuegos. Cuenta con las medallas XX, XXX y XL Aniversarios de las FAR, Combatiente de la Lucha Clandestina en la Guerra de Liberación Nacional, y la Medalla

Capitán San Luis. Les fueron otorgados los certificados por miembro fundador de la Seguridad del Estado e Internacionalista en la República Popular de Angola.

Doctor Humberto Castelló Aldanás (n.1923). Actualmente jubilado. Fue psiquiatra infantil en el hospital William Soler. Fundador del PCC y del Directorio Revolucionario y fundador también del Frente Guerrillero del Directorio Revolucionario en el Escambray. Fungió como coordinador del Directorio Revolucionario en Las Villas. Posée la Orden Camilo Cienfuegos y las medallas XX, XXX y XL Aniversarios de las FAR, Combatiente de la Lucha Clandestina en la Guerra de Liberación Nacional, Combatiente en la Guerra de Liberación. Fue condecorado con la Orden Tudor Vladimirescu otorgada por el presidente de la República de Rumania. Obtuvo varias condecoraciones otorgadas por los movimientos por la Paz internacionales.

Juan José Alfonso Zúñiga (n.1925). Teniente coronel jubilado de las FAR. Fundador del PCC. Posee las medallas XX Aniversario del Moncada, XX Aniversario del Granma, X-XV-XX, XXX y XL Aniversarios de las FAR, Combatiente de la Lucha Clandestina en la Guerra de Liberación Nacional, medalla de la Lucha Contra Bandidos y medalla Fundador de los Comités de Defensa de la Revolución (CDR).

Ángel Eros Sánchez (n.1927). Actualmente jubilado del Ministerio de Relaciones Exteriores (MINREX). Fue fundador del PCC y del Instituto Nacional de Deporte y Recreación (INDER). Tiene en su haber las medallas XX Aniversario del Moncada, XX, XXX y XL Aniversarios de las FAR, Combatiente de la Lucha Clandestina en la Guerra de Liberación Nacional, y XXX Aniversario del Moncada.

Antonio Guevara Fournier (n.1918) actualmente jubilado. Es militante del PCC. Obtuvo las siguientes medallas: Combatiente de la Lucha Clandestina en la Guerra de Liberación Nacional, XX Aniversario del Moncada, XXX Aniversario del Granma, medalla de la Defensa de Tropas Antiaéreas. También las medallas XXV Aniversario de las Milicias Nacionales Revolucionarias y 28 de Septiembre, otorgada por los CDR. Fue fundador de las Milicias Revolucionarias en la Universidad de La Habana.

Floreal Chomón Mediavilla (n.1927). Es jubilado del MINREX. Fue embajador en Hungría, Austria y Guinea Ecuatorial. Fundador del PCC. Posee la medalla Combatiente de la Lucha Clandestina en la Guerra de Liberación Nacional.

Jesús Soto Díaz (n.1926). Actualmente jubilado. Tiene en su haber las medallas Combatiente de la Lucha Clandestina en la Guerra de Liberación Nacional, Combatiente de la Guerra de Liberación, XXX y XL Aniversarios de las FAR y las medallas Jesús Menéndez y de la Alfabetización

Manuel José Gómez Sartorio, *el Americano* (n.1932). Actualmente jubilado. Es militante PCC. Presidente de la Asociación de Combatientes de la Revolución, municipio La Lisa. Tiene las medallas Combatiente de la Lucha Clandestina en la Guerra de Liberación Nacional y medalla Combatiente en la Guerra de Liberación.

Juan Gualberto Valdés Huergo, *Berto* (n.1934). Actualmente jubilado. Militante PCC. Tiene las medallas Combatiente de la Lucha Clandestina en la Guerra de Liberación Nacional y Combatiente de la Guerra de Liberación.

Amado Silveriño Carnero (n.1924). Actualmente jubilado. Posee la medalla Combatiente de la Lucha Clandestina en la Guerra de Liberación Nacional.

TESTIGOS CASUALES

Modesta García Rodríguez (n.1925). Es miembro de la Asociación Nacional de Combatientes, ostenta las medallas XL y XXX Aniversarios de las FAR, la medalla Combatiente de la Lucha Clandestina en la Guerra de Liberación Nacional y las distinciones 28 de Septiembre y 23 de Agosto, otorgadas por los CDR y la FMC (Federación de Mujeres Cubanas).

Emilia Guerra Brito (n.1913). Pertenece a la FMC.

Carlos Manuel Valdivia Roche (n.1942). Es trabajador del periódico
   Granma. Posee las medallas de Playa Girón y Conmemorativa
   por el XXV Aniversario de la DAAFAR (Defensa Antiaérea de
   las Fuerzas Armadas Revolucionarias). También la Medalla por
   XX Años de Vigilancia otorgada por el MININT.

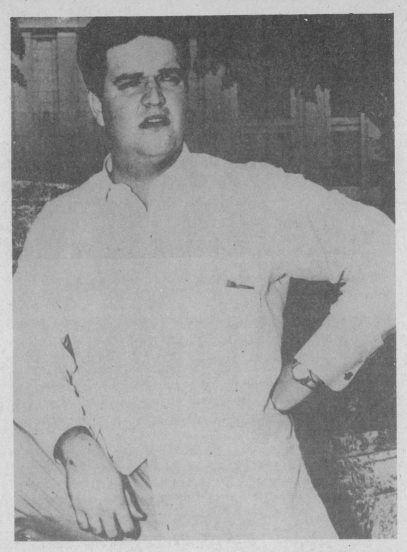

«Esta acción envuelve grandes riesgos para todos nosotros y lo sabemos. No desconozco el peligro. No lo busco. Pero tampoco lo rehuyo. Trato sencillamente de cumplir con mi deber.» Dejó sentado José Antonio en su testamento político, horas antes de salir en el comando de asalto a la toma de Radio Reloj.

Numerosas manifestaciones ponen de relieve la repulsa al régimen tiránico.

Entierro simbólico de la Constitución, una manifestación multitudinaria dirigida por la Federación de Estudiantes Universitarios (FEU).

José Antonio en el Aula Magna de la universidad. Al fondo, el óleo que representa el fusilamiento de los ocho estudiantes de Medicina.

El 24 de octubre de 1956, a su regreso de México y Siri Lanka, numerosos estudiantes acuden, por mandato de la FEU, al aeropuerto, a fin de evitar la detención de José Antonio. Foto de la época.

Dentro de este camión arriba una gran parte del comando armado.

Puerta del ala sur de Palacio, que daba al parque Zayas,
por donde entran los combatientes.

Por esta escalera suben los hombres hasta el segundo piso.

Fuerzas militares al servicio de la tiranía se despliegan para contrarrestrar el ataque a Palacio. Foto de la época.

Al propio despacho del dictador llegan los combatientes.

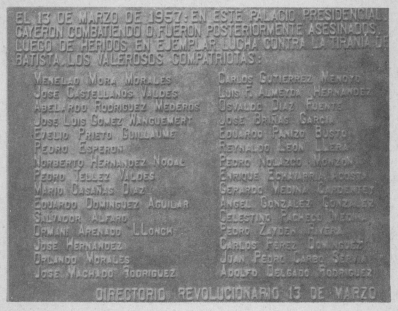

EL 13 DE MARZO DE 1957, EN ESTE PALACIO PRESIDENCIAL
CAYERON COMBATIENDO O FUERON POSTERIORMENTE ASESINADOS
LUEGO DE HERIDOS EN EJEMPLAR LUCHA CONTRA LA TIRANIA DE
BATISTA, LOS VALEROSOS COMPATRIOTAS:

MENELAO MORA MORALES
JOSE CASTELLANOS VALDES
ABELARDO RODRIGUEZ MEDEROS
JOSE LUIS GOMEZ WANGUEMERT
EVELIO PRIETO GUILLAUME
PEDRO ESPERON
NORBERTO HERNANDEZ NODAL
PEDRO TELLEZ VALDES
MARIO CASAÑAS DIAZ
EDUARDO DOMINGUEZ AGUILAR
SALVADOR ALFARO
ORMANI ARENADO LLONCH
JOSE HERNANDEZ
ORLANDO MORALES
JOSE MACHADO RODRIGUEZ

CARLOS GUTIERREZ MENOYO
LUIS F. ALMEYDA HERNANDEZ
OSVALDO DIAZ FUENTE
JOSE BRIÑAS GARCIA
EDUARDO PANIZO BUSTO
REYNALDO LEON LLERA
PEDRO NOLAZCO MONZON
ENRIQUE ECHAVARRIA ACOSTA
GERARDO MEDINA CARDENTEY
ANGEL GONZALEZ GONZALEZ
CELESTINO PACHECO MEDINA
PEDRO ZAYDEN RIVERA
CARLOS FERRER DOMINGUEZ
JUAN PEDRO CARBO SERVIA
ADOLFO DELGADO RODRIGUEZ

DIRECTORIO REVOLUCIONARIO 13 DE MARZO

Tarja conmemorativa situada en la entrada del Palacio Presidencial,
que recuerda a los hombres caídos en combate y asesinados después de
la acción heroica.

BIBLIOGRAFÍA CONSULTADA

ALTUNA, J. OLLER Y QUÍLEZ: "Ocupaciones de armas", fotorreportaje, *Bohemia*, a.49 (13), La Habana, 31 de marzo de 1957, semanal.

Bohemia: a.49 (5-6-7-8), La Habana, febrero de 1957, semanal.

CARDOSA ARIAS S.: "En Santa Marta y Lindero se frustró el primer intento de asalto a Palacio", fotos de Archivo, *Carteles*, a.40 (10), La Habana, 8 de marzo de 1959, semanal.

CASTAÑEDA C. M., LÓPEZ LLOBET Y R.CAPARRÓS: "Vértigo, emoción y humo", *Bohemia*, a.49 (9), La Habana, 3 de marzo de 1957, semanal. Las fotos de este reportaje fueron tomadas por: Panchito, Cano, Miralles, Altuna, Caparrós, Rubén González, José L. Lorenzo, Alburquerque, Studios Korda, Bebo Guerrero, Aurelio González, Arias y Barcala.

CENTRO DE ESTUDIOS DE HISTORIA MILITAR DE LAS FAR: *De Tuxpan a La Plata*, 3ed., Ed. Política, La Habana, 1985.

CHAUMONT F.: "¡Exclusivo! ¡Exclusivo! La verdadera historia del asalto a Palacio", como lo contó a Vicente Martínez, *Carteles*, a.40 (11), 15 de marzo de 1959, semanal.

CHOMÓN F.: "José Antonio Echeverría: pensamiento y acción", *Granma*, p.2, La Habana, año 23, no. 60, 13 de marzo de 1987.

------------ : *El ataque al Palacio Presidencial*, prólogo de Enrique Rodríguez Loeches, pp.114, 9, 11, 10, 16, 19, 20, 21, 23, 117, 31, 33, 34, 37, 38, 39, 41, 43, 44, 45, 54, 55, 56, 46, 47, 57, 58, 59, 60, 61, 62, 63, 50, 64, 65, 66, 75, 76, 89, 90, 91, 108, 109, [s.n.], [s.a.].

"Depositadas todas las armas en el B.I.", en *Prensa Libre*, La Habana, a. XVII, 17 de marzo de 1957.

"El hombre que estuvo allí", Sección en Cuba, Panorama Nacional: Sierra Maestra, en revista *Bohemia*, a.49 (10), La Habana, 10 de marzo de 1957, semanal.

El País: La Habana, no. 51, a.XXXV, desde el 1 de marzo de 1957 hasta el no. 76, a.XXXV del 30 de marzo de 1957.

"¡Extra! El asalto frustrado a Palacio. Muertos Echeverría y Menelao Mora", en *Prensa Libre, Diario de la Mañana*, La Habana, a.XVI, no. 2532, 14 de marzo de 1957.

"Fidel Castro y sus hombres", "Estampas inéditas de los insurrectos de la Sierra Maestra", fotorreportaje en *Bohemia*, a.49 (11), La Habana, 17 de marzo de 1957, semanal.

GARCÍA OLIVERAS J.: *José Antonio Echeverría: La lucha estudiantil contra Batista*, pp.263, 294, 313, 296, 297, 298, Ed. Política, La Habana, 1979.

GONZÁLEZ R., L. SÁNCHEZ, A. MORALES, M. COLLADO Y OTROS. "La estela de la tragedia", fotorreportaje, *Bohemia*, a.49 (13), La Habana, 31 de marzo de 1957, semanal.

GUEVARA ERNESTO CHE: *Escritos y discursos*, t.1, y t.2, p.104, Ed. Ciencias Sociales, La Habana, 1972.

"Los trágicos sucesos del miércoles 13", Sección en Cuba: La Semana, en *Bohemia*, pp. 79, 80, 81, 94, 98, a.49 (11), La Habana, 17 de marzo de 1957, semanal.

MARTÍ J.: *Antología mínima*, t. 1, Ed. Ciencias Sociales, La Habana, 1972.

MARTÍN R.: "El asalto a Palacio Presidencial", La Semana Política, *Carteles*, a.38 (12), La Habana, 24 de marzo de 1957, semanal.

------------ : "¡Solución política! ese es el clamor unánime de la Patria", fotos de Llanos, La Semana Política, *Carteles*, pp. 22, 23, a.38 (2). La Habana, 13 de enero de 1957, semanal.

"Muerto a tiros el doctor Pelayo Cuervo Navarro", "Estiman en 30 los muertos en el frustrado ataque a Palacio" "Suspendidas las actividades en la Universidad de La Habana" en *Prensa Libre, Diario de la Mañana*, La Habana, a.XVII, no. 2532, 15 de marzo de 1957.

Matthews H. L.: "En la Sierra Maestra", Famoso corresponsal americano entrevista a Fidel Castro, Herbert L. Matthews del *New York Times, Bohemia*, a.49 (9), La Habana, 3 de marzo de 1957, semanal.

-------------------: "Cuba vista por *The New York Times*", "Radiografía de la situación cubana", *Bohemia*, p.54, a.49 (10), La Habana, 10 de marzo de 1957, semanal. La versión de estos dos artículos fue hecha por Carlos M. Castañeda.

"No más sangre, cubanos", Editorial, en *Bohemia*, a.49 (13), La Habana, 31 de marzo de 1957, semanal.

"Ocupa la policía 900 cartuchos de dinamita", en *Prensa Libre, Diario de la Mañana*, La Habana, a.XVII, no.2532, 16 de marzo de 1957.

Ortega G.: "El asalto a Radio Reloj", "La muerte de José Antonio Echeverría", *Carteles*, a.40 (11), La Habana, 15 de marzo de 1959, semanal.

Pérez Betancourt R.: "José Antonio seguía siendo peligroso", *Alma Mater*, p.18, (337), La Habana, enero-marzo de 1997.

Pérez Pintó A.: "El chequeo de Batista fue todo un éxito", tal como lo contó en la Redacción de *Carteles, Carteles*, pp.51, 68, 78, a.40 (11), La Habana, 15 de marzo de 1959, semanal.

Prensa Libre, Diario de la Mañana: p.1, La Habana, a.XVII, no. 2522, 2 de marzo de 1957.

"Promete el jefe de la Policía investigar la muerte del Dr. Cuervo", en *El Mundo*, La Habana, vol. 22, no. 17672, 16 de marzo de 1957.

Rodríguez Zaldívar R.: "Frustrado asalto a Palacio", "Es deber del gobernante cumplir con su historia –dice el presidente Batista", cámara de Tony Martin, *Bohemia*, a. 49 (13), La Habana, 31 de marzo de 1957, semanal.

TABERNILLA DOLZ F. (GENERAL): "Restablecido el orden", *Prensa Libre, Diario de la Mañana*, p.1, La Habana, a. XVII, no. 2532, 14 de marzo de 1957.

"Último minuto. Atacado el Palacio Presidencial", marzo 13 (UP), en *Prensa Libre, Diario de la Mañana*, La Habana, a. XVII, no. 2532, 14 de marzo de 1957.

ÍNDICE